JN409373

억새꽃 핀 들녘

현대수필가100인선II · 45

억새꽃 핀 들녘

오승휴 수필선

수필과비평사 · 좋은수필사

■책머리에

수필은 누구나 부담 없이 읽고, 마음만 먹으면 직접 쓸 수도 있는 가장 친근한 문학이다. 다른 영역의 문학이 영상매체에 밀려 신음하고 있는 중에도 수필 인구만은 날로 증가하여 바야흐로 수필 전성시대를 구가하고 있는 이유도 거기에 있을 것이다.

시대적 추세에 힘입어 수많은 수필전문지, 수필동인지가 창간되고, 이에 비례하여 신진 수필가도 날로 늘어나다 보니 이제는 그 많은 작가, 그 많은 작품 중에서 문학성 높은 작품을 가려 읽는 일이 쉽지 않게 되었다. 이런 현상은 작가에게나 독자에게나 결코 바람직한 일이 아니다. 더 나아가서는 수필을 연구하는 후세들에게도 큰 부담이 될 것이다.

이런 문제를 해결하는 데는 출판인도 마땅히 한몫을 감당해야 한다는 평소의 소신에 따라, 본사가 기꺼이 그 역할을 맡기로 했다. 그 첫 번째 사업으로 시대를 대표할 만한 수필가 100인을 선정하고, 작가가 자선한 40편 내외의 작품을 수록한 문고본을 발간하여 이를 널리 보급함으로써 그 소임을 다하고자 한다.

본사는 사명감을 가지고 이 사업을 추진해 나가기로 했다. 작가 선정을 전담할 편집위원회를 구성하고 전권을 위임하여 일체의 사적인 정실이나 청탁을 배제함으로써 전문성과 공정성을 확보해 나갈 것이다.

따라서 이 기획물 속에는 작가의 문학정신뿐만 아니라, 본사의 문학사적 기여 의지와 편집위원 제위의 수필문학에 대한 애정과 문인으로서의 양심이 함께 담겨 있음을 자부한다. 다만, 작가를 선정하는 기준에는 많은 견해의 차이가 있을 수 있고, 선정 과정에서도 미처 챙기지 못한 부분이 있을 것이라는 사실만은 인정하지 않을 수 없다. 이 점에 대해서는 관계자 여러분의 양해 있으시기 바란다.

이 시리즈의 발간 순서는 작가, 또는 본사의 사정에 의한 것일 뿐 그 밖의 어떤 기준도 적용하지 않았음을 밝힌다.

본 기획물이 시대를 초월한 많은 수필 애호가들의 관심과 애정 속에 우리나라 수필문학 발전에 한 이정표가 되기를 바랄 뿐이다.

본사에서는 이상과 같은 취지로 ≪현대수필가 100인선≫ 전 100권을 완간하여 큰 반향을 불러일으킨 바 있다.

그러나 우리 수필문단의 규모나 수필문학의 수준에 비추어 선정 작가를 100인으로 한정하는 것은 형평성이나 효율성 면에서 크게 부족하다는 의견이 많았고, 본사 또한 이를 통감하던 터라 기꺼이 ≪현대수필가 100인선Ⅱ≫를 발간하기로 했다.

본사의 충정에 찬동하여 출판에 응해주신 저자 여러분에게 진심으로 감사한다.

2014년 9월 일

수필과비평사 · 좋은수필사 발행인 서 정 환
현대수필가 100인선 간행 편집위원 박 재 식 최 병 호
정 진 권 강 호 형
오 세 윤

1_부 이상하게 맺은 우정

덧나무의 선물 • 12
이상하게 맺은 우정 • 17
어머니의 자리 • 23
서울에서 온 소포 • 28
머귀나무 궤 • 33
억새꽃 핀 들녘 • 38
어느 시인의 가을 • 41
그 선배의 후배 사랑 • 45
내 마음을 알 거야 • 50
제비가 그렇거늘 • 55

2_부 압록강아, 말해다오

친구의 인부전화 • 62
활짝 핀 산철쭉 • 67
딩동 벨 여인 • 72
그리도 야박했어라 • 75
감나무의 사연 • 80
압록강아, 말해다오 • 85
소리 없는 발걸음 • 91
연장전을 즐기시라 • 96
담장을 넘을까 봐 • 101
저 바다의 은물결처럼 • 106

3_부 들썩이는 섬

수필, 이 친구야 • 112
들썩이는 섬 • 115
그림자 • 120
은혜로운 인연 • 124
사내녀석이 울기는 • 128
형제여, 잊었는가 • 131
따스한 손길 • 136
얘야, 인동꽃을 보아라 • 141
그 한마디 • 146
안개 속을 헤매다 • 151

4_부 토성 밖에 샘물 있었네

그 손짓에 마음이 머물고 • 158
조각구름의 날갯짓 • 162
이상한 하루 • 167
고추를 심었더니 • 171
토성 밖에 샘물 있었네 • 175
고향 포구에서 • 181
털머위가 속삭이듯 • 186
수루에 올라 • 190
설한풍 불었는데 • 196
12월에 받은 편지 • 201

■ 작가연보 • 205

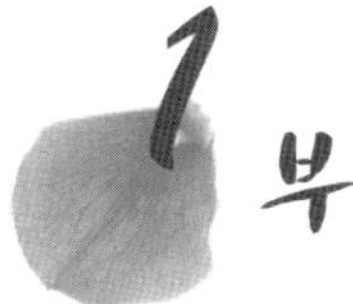

1부

이상하게 맺은 우정

덧나무의 선물
이상하게 맺은 우정
어머니의 자리
서울에서 온 소포
머귀나무 궤
억새꽃 핀 들녘
어느 시인의 가을
그 선배의 후배 사랑
내 마음을 알 거야
제비가 그렇거늘

덧나무의 선물

초목이 우거진 숲길을 따라 산등성이를 오른다. 혼자 걷는 산책에 맛들인지 벌써 몇 년이 된다. 산길에서는 사람들이 왠지 반갑다. 숲속의 풀과 나무에서도 자연의 소리와 아름다움을 만난다. 걷다보면 몸과 마음이 가뿐해지며 부딪히는 세상사에도 애정 어린 눈빛으로 관심이 더 깊어진다. 모든 근심이 산길에서 만나는 반가움과 아름다움에 용해되어버려 그럴까.

이 수목원 숲속 '체력단련장' 한가운데에 야생하는 덧나무 한 그루가 있다. 자태가 빼어나 사람들의 사랑을 받는 관상용 나무다. 꽃나무들이 제멋을 뽐내는 요즘, 이 덧나무엔 넝쿨처럼 뻗은 가지마다 활짝 핀 꽃들이 볼 만하다. 높이가 3m쯤 되는 활엽관목이다. 굵은 나무줄기엔 이끼가 돋아 있고 버섯도 피어 있어 수령이 삼십여 년은 되었음직하다. 이곳엔 정자도 있고 나무 그늘이 시원해 산책객들이 여기서 쉬어간다. 오르내리는 길에 나의 발걸음이 멈추는 곳이기도 하다.

해가 바뀌면 나무들 중에서 제일 먼저 뾰족한 새싹을 틔우는 나무가 덧나무다. 인동과에 속하는 이 나무의 뿌리와 껍질, 줄기와 잎은 모두 약재로 쓰이고 있다. 심장질환이나 각종 통증 치료에 효과가 있으며, 특히 부러진 뼈 치료에 효능이 크기에 접골목接骨木이라고도 부른다.

덧나무의 수명이 40년 정도라니 이 나무는 중장년을 넘어 이제 노년으로 들어선 셈이다. 그런데도 엷은 노란빛을 띤 흰색 꽃들을 무더기로 피워내어 자태를 자랑하고 있다. 수령은 문제가 되지 않는 것일까. 주어진 생의 시간이 얼마 남지 않은 삶을 비장하게 사는 사람 같다. 나이가 들어도 젊은이 못지않게 넘치는 정열과 왕성한 의욕으로 살아가는 사람들처럼 덧나무의 강인한 생명력이 놀랍다.

오늘도 이 나무에 꿀벌들이 꽃마다 달라붙어서 작업이 한창이다. 어떤 녀석들은 이 꽃에서 저 꽃으로 쉼 없이 옮겨 다닌다. 손길이 닿지 않는 나뭇가지에 핀 꽃들이라 벌들이 마음 놓고 희롱하며 즐기는 것일까. 아니면 꽃의 유혹에 벌들이 놀아나는 것일까. 하기야 화창한 봄날인데 어느 쪽이든 이 기회를 놓칠 리 없다. 땀 흘리며 온 힘을 다해 일하는 부지런한 꿀벌들을 보노라면, 내 마음속 깊은 곳에서도 그 무엇이 분수처럼 용솟음친다.

'꽃과 여자는 아름다워야 사랑을 받는다.'고 하는데 나무도 예외가 아닌가 싶다. 부드러움까지 갖추면 더하리라. 덧나무는 줄기의 가운데에 굵고 부드러운 연한 갈색 심이 있어 가녀린 여인을 연상시킨다. 넝쿨처럼 뻗은 나뭇가지가 푸른 잎으로 몸치장을 시작하면 사람들의 시선을 사로잡는다. 산들바람에도 나뭇잎들이 유혹하듯 손짓한다. 콩알만 한 빨간 열매들이 닥지닥지 달리면 그 멋스러움이야. 지금은 밑동에서부터 세 갈래로 갈린 굵은 가지 중에 하나는 잘려 없어졌지만, 우산처럼 더부룩한 수형은 아직도 아름답다.

작년 9월, 제주를 강타한 태풍 '나리'는 말할 수 없이 잔인했다. 숲 속의 거목들도 강풍에 쓰러져 피해가 컸는데 이 덧나무도 예외가 아니었다. 가장 굵은 중심 가지가 중간에서 꺾인 것이다. 몰골이 험악했다. 부러진 뼈를 치료한다는 접골목이 아니었던가. 자연 방풍이 잘된 산 숲 속에 있으니 끄떡도 없을 것이라고 안심한 게 잘못이었다. 시원한 그늘을 기대하기도 이젠 어렵게 된 것이다. 다리가 부러져 피가 흐르는 아픔을 느낄 만큼 충격이 컸다. 부러져 잘려나간 가지는 소중한 약재로 쓰이리라는 게 그나마 위안이었다.

태풍이 지나간 가을, 그 잘린 가지 밑동에서 새순이 솟아올랐다. 포근한 날씨가 겨울 내내 계속되자 계절에 아랑곳없이 무럭무럭 자랐다. 다른 가지엔 아직 순이 움트지도 않았는데도 말이다. 깊은 땅속에서 뿌리를 통해 그 가지를 살려내려는 힘이 용출해서일까. 기대를 많이 했다. 저리 자라 잘린 가지를 대신하려는가 하고.

지난 2월, 어찌 이럴 수가 있을까. 기대를 걸었던 그 새순 가지를 잔인한 늦추위 한파가 삼켜버린 것이다. 추위가 한동안 계속되면서 눈보라가 휘몰아치자 그동안 자란 가지들이 몽땅 시들어버렸다. 다시 잘려나가 더욱 안타까웠다. '일찍 핀 꽃은 빨리 진다.'라는 말을 곱씹어야만 했다.

한데 참 이상한 일이다. 이 봄, 남은 가지에서 뻗어난 줄기에 돋은 순은 잘 자라 잎이 더 푸르다. 꽃봉오리도 많이 맺어 꽃을 활짝 피웠다. 부러진 뼈를 붙여낸 것처럼 튼실해 보인다. 잘린 가지를 살려내려 쏟았던 온 힘을 남은 가지로 몰아주었는가 싶다. 더 활기차고 싱싱하다. 피눈물 나는 고통과 인내의 소산이리라. 덧나무가 내게 주는 선물일까? 나무가 겪은 고통과 기쁨이 느껴진다.

사람이 사는 것도 마찬가지가 아닌가. 인생을 살아가는 동안 누구나 수많은 고통을 겪기도 하고 기쁨을 맛보기도 한다. 남에게 도움을 주는 값진 인생을 살면서 삶의 충만감을 느끼기도 한다. 교만과 아집, 경쟁과 미움으로 상처를 받을 때도 있다. 절망의 늪에 빠져 허덕이며 구원의 손길을 찾아 울부짖은 적도 있을 것이다. 인생길에서 순탄한 길만을 걷는 사람이 어디 있으랴. 달리다 쓰러져도 벌떡 일어나 다시 달리는 사람이 부럽다. 고통을 겪어본 사람만이 기쁨의 참맛을 안다.

주어진 생명의 씨앗을 결코 포기하지 않는 덧나무에서 생의 소중함을 배운다. 땅속에도 용트림하는 생명이 있음을 깨닫는다. 온 힘을 다해 생을 살아가는 그 강인한 생명력은 어떴나. 덧나무처럼 남에게 유익한 존재인가. 꽃과 꿀벌에서 보듯 상생의 원리는 모든 생명체의 생존법칙이 아니던가. 숲 속에서 세상을 사는 사람들의 모습을 본다. 초목 하나에도 존귀한 한 줄기 생명이 흐르고 있음을 새롭게 느낀다.

숲 속에 바람이 일렁인다. 한들거리는 덧나무 가지에도 봄이 한창이다. 올여름엔 넉넉한 그늘을 기대해도 좋으리라. 아주 시원하고 상쾌한 그늘을.

이상하게 맺은 우정

늦은 가을 오후다. 나뭇잎이 떨어져 뒹구는 숲 속 길에 들어섰다. 여름 내내 무성했던 나무숲은 가을바람에 낙엽을 휘날린다. 앙상한 나뭇가지 사이로 가을햇볕이 스며들어 애잔한 그림자를 드리운다. 여름의 풍요로움은 모두 어디로 사라졌는가. 고독하고 쓸쓸하다.

숲길을 지나 숨을 헐떡이며 오름 정상에 오르니 맑은 하늘 아래 저 멀리 한라산이 보인다. 가을바람에 물결치는 하얀 억새꽃 들판이 눈에 확 들어온다. 그 풍경이 억새꽃이 물결치는 고향마을 들판 같다.

고향을 떠난 지 수십 년이나 되지만 억새꽃 들판을 뛰놀던 어린 시절 기억들은 지금도 생생하다. 가난하였지만 인정이 있던 시절이다. 이제 나이가 들어서일까. 벗들과 뛰놀던 그 시절이 무척이나 그립다. 친구의 다정한 목소리도 들려온다.

초등학교 4학년 때의 일이다. 혹독한 가난에 쪼들리던 시절이었다. 우리 풍천초등학교는 시골이라 학급도 한 학년에 남녀 합반 한 반뿐이었고, 학생이라고 해야 고작 40명 정도였다. 중산간 마을에서 3km 정도 떨어져 있는 학교 길을 줄곧 걸어서 다녔다. 4학년 때부터는 서예도 배웠다. '공부 잘한다.'며 담임선생님은 나를 반장까지 시켜주었지만 예능과목이나 서예는 남보다 뛰어나질 못했다.

동네 친구 철이는 붓글씨를 아주 잘 썼다. 부럽기도 했지만 그에게 뒤진다는 것에 속이 몹시 상했다. 서예는 예능과목이니까 타고난 재주가 있어야 한다며 누나가 위로해도 쉽게 받아들여지지 않았다. 서예 숙제를 내면 습자연습 핑계로 늘 그 친구 집을 들락거렸다. 그러다 보니 친해지기도 하였지만, 그가 붓글씨 잘 쓰는 이유를 내 나름대로 발견하게 되었다.

문제는 붓이었다. 그 친구의 붓이 훨씬 좋은 것이었다. 어머니에게 좋은 붓을 사달라고 해봐야 소용없는 일이 아닌가. 가난에 쪼들리는 우리 집 형편인데 어찌하랴. 궁리 끝에 친구의 붓을 훔치기로 작심하고, 기회만을 노리고 있었다.

초가을 어느 날, 철이네 집에 놀러갔다가 친구가 없는 틈에 일을 저질렀다. 하지만 운이 없어서인지 며칠 후 발각되고 말았다. 친구 집에 자주 다니는 나를 의심하여, 철이 어머니랑 나의 어머니 두 분이 내 방을 샅샅이 뒤져 붓을 찾아낸 거였다. 놀랍게도 붓대에 몰래 비표秘標까지 해두어 도저히 잡아뗄 수가 없는 일이었다.

다행히 사건은 남몰래 수습되었다. 어머니에게 회초리로 종아리에 멍이 들도록 매를 맞았다. '바늘도둑이 소도둑 된다.'고 하였다. 어머니의 눈에서 글썽거리는 눈물을 보기는 처음이었다. 도둑질을 했으니 친구를 찾아가 사정하고 오라는 게 아닌가. 죽기보다 싫었지만 할 수 없이 찾아가 용서를 빌었다.

"애야, 잠깐 빌려 쓰려고 한 건데 뭘 그러냐. 친구 사이에 그런 일로 용서를 빌기까지 하다니. 네 어머니가 멍이 들도록 매질까지 했구나. 괜히 신경 쓰지 말고 앞으로 더 친하게 지내렴."

정말 뜻밖이었다. 친구 어머니는 웃으며 가볍게 넘겨주었다. 도둑질한 것을 빌려간 것으로 오히려 변명해주었다. 선생님까지 알까봐 겁이 덜컥 났는데 생각밖에 너그러운 용서를 받은 것이다. 부끄러워 얼굴을 들 수가 없었다. 집에 오자 기다리던 어머니는 엄숙한 표정을 지으며, 칼로 자르듯 냉정하고 분명하게 말했다.

"정직해야 한다. 앞으로 도둑질을 한번 더하면 너는 내 자식이 아니다."

그 일이 있은 며칠 후, 어머니가 자초지종을 자세히 말해 주었다. 친구 철이가 자기 어머니에게 남이 알면 안 된다고 사정해 내가 용서를 받게 된 것이었다. 놀라운 일이었다. 친구인 내 입장을 먼저 생각해준 것이다. 벗을 위해 사정하는 그 친구의 목소리가 그 순간 가을비처럼 촉촉이 내 가슴으로 젖어들었다. 앞으로 이 일을 결코 잊지 않고 '정직한 사람이 되리라.'고 나는 마음에 굳게 다짐하였다.

어느 날 하굣길, 억새꽃이 물결치는 가을 들판에서 그에게 나의 결심을 털어놓으며 변치 않는 친구가 되길 청하였다. 그는 웃으며 말없이 고개를 끄덕여주었다. 그 후부터 우리는 예전보다도 훨씬 더 가까워졌다.

고향에서 중학교를 졸업한 후 제주시로 진학도 같이하였다. 가정형편이 어려운 나는 자취생활을 하는 그의 방에 함께 살았다. 도와주는 내색도 없이 방세를 받지 않았다. 훗날 몇 배로 받을 것이라며 오히려 으름장을 놓기까지 했다.

학창시절을 마감한 후 그는 행정 분야로 직장을 선택하였다. 늘 성실하고 겸손한 그는 직장에서 실력을 갖춘 공직자로서 아랫사람들의 존경과 상관의 신임을 한 몸에 두텁게 받았다. 이제는 실·국장까지 지낸 지역사회의 덕망 있는 지도자다.

내가 30여 년의 직장생활을 마감하는 날, 퇴임식장에 그가 찾아와 축하해 주었다. 액자도 선물로 들고 왔다. 붓글씨로 '인의예지신仁義禮智信'이라고 손수 쓴 작품으로 그의 서예 솜씨는 여전히 일품이었다. 내겐 최고의 선물이라고 할까.

그날 저녁, 우리는 여러 친구들과 식사를 하며 옛날얘기로 꽃을 피웠다. 나는 용기를 내어 여럿이 모인 자리에서 어릴 적 '붓 훔친 사건'을 고백하였다. 친구들이 놀라 눈이 휘둥그레지며 식사 자리는 온통 웃음바다로 변하였고, 나는 놀림감이 되었다. 그 친구는 빙그레 웃으며 "기억이 잘 나지 않는다."라고 했다.

그는 죽마고우로 예나 지금이나 변함없는 친구다. 그이만큼 나를 정직하게 해 준 사람은 없다. 그와 함께 있으면 늘 편안함을 느낀다. 모자람이 많은 나인데도 더 요구하거나 불평함이 없다. 내가 존경하는 넉넉한 친구다. 비 온 뒤에 땅이 더 굳어지듯이 붓을 훔치고 나서 맺어진 그와의 우정이 오늘의 나를 있게 한 것이다.

늦가을 햇살이 따스하게 비추는 창가에 기대어 지난날을 되돌아보며 생각에 잠긴다. 친구의 붓을 훔친 그 후 지금까지 살아오는 동안 더 큰 죄를 지은 일은 없었는지, 벗을 위해 조금이라도 노력한 일은 무엇이었는지, 생각할수록 얼굴이 뜨겁다.

가슴에 젖어드는 친구의 목소리가 저 멀리서 들리는 듯

하다. 나는 늘 기도한다. 우리의 우정이 영원하여지이다.

어머니의 자리

간밤 누가 내 어깨 고쳐 누이셨나
신이었는가
바람이었는가
아니면 창문 열고 먼 길 오신
나의 어머님이시었나
뜨락에 굵은 빗소리

—이시영, 〈자취〉

창밖에 가을비가 억수같이 쏟아지는 밤이다. 이렇게 비가 쏟아지는 밤이면 나는 불현듯 오래전 이 세상을 떠나신 어머니가 그리워서 눈물이 난다. 울컥 목이 멘다.

그럴 때면 이시영 시인의 〈자취〉를 몇 번이고 소리 내어

읊는다. 시인은 세상 떠난 어머니를 그리워하며, 잠 못 이루는 밤에 이불을 걷어차며 엎치락뒤치락하다 겨우 잠이 들었는데 한밤중 뒤뜰에 내리는 굵은 빗소리에 화들짝 놀라 잠을 깨고서 자신도 모르게 돌아누울 때의 그 무심한 몸짓을 시로 노래하였다.

누구나 한밤중의 빗소리에 잠을 깨어 본 적이 있을 것이다. 어느 새벽 한두 시쯤 잠결에 듣는 빗소리는 분명 누군가의 자취 같다. 누구였을까? 신神이었을까, 바람이었을까. 아니면 세상 떠난 어머니의 영혼이었을까. 억지로 헤어진 어머니의 영혼이 이토록 깊은 밤에 온 우주를 헤매다가 빗소리를 타고 내려와, 내 잠재의식이 지니고 있는 깊고도 깊은 나의 중심축을 지나가고 있는 중인지도 모를 일이다.

초등학교 시절, 아버지가 돌아가신 후 어머니는 시골에서 농사일을 하면서 홀로 어린 자식 키우랴, 종손 집안 맏며느리로서 가문을 지켜 나가랴, 너무 힘든 삶을 사셨다. 이 땅의 모든 어머니가 그러하듯이 아무리 괴로워도, 아무리 가난해도 자식 앞에서는 전혀 그런 내색을 하지 않으시고 오로지 자식만을 위해 자기 인생을 오롯이 바쳐온 그런 어머니셨다.

"사람은 남과 더불어 살지 않으면 살지 못한다."

어머니와 함께 일할 때면 '이웃과 더불어 사는 삶'을 살도록 가르침을 주시고, 땀 흘려 일하는 노동의 소중함을 일깨워주셨다. 나는 중학교를 졸업할 때까지는 고향 시골에서 방학 때는 물론이고 시간이 나면 밭일도 종종 도와드리곤 하였다.

1960년대 초에는 너나없이 어려운 시절이었으며 우리 집도 예외는 아니었다. 당시 아들을 고등학교에 보낼 경제적인 가정 형편이 안 되는 상황에서도 어머니의 정성으로 나는 제주시에 있는 고등학교에 진학하게 되었다. 진학은 했지만 가정 형편이 어려워 아들이 공부하는 시에 한 번도 와 보신 적이 없었다. 어머니는 삯일을 하여 학비를 보내주면서도 항상 밝은 얼굴로 용기를 북돋아주어 대학까지 진학하게 되었고, 나는 그런 어머니를 생각하면 용기와 힘이 생겼다. 힘들어하시는 어머니의 짐을 조금이나마 덜어드리려고 밤에는 나도 줄곧 학생지도 아르바이트를 하였다.

그런 어느 날, 학교에서 돌아와 보니 내 자취방 앞에 여인의 흰 고무신이 놓여 있었다. 깜짝 놀라 방문을 열어보니 시골에서 어머니가 와 계셨다. 가슴이 덜컹 내려앉으며 불길한 예감이 나를 엄습하였다. "진찰 한번 받아보려고 큰마음 먹고 집에서 기르던 돼지를 팔아서 왔다."라며 공부하는 아들을 찾아온 것이었다. 아무리 몸이 아파도 한 번도 아프다고 한 적이 없던 어머니이지 않은가. 책상 옆에 헌 보자기 꾸러미를 가리키시며 "하나 먹어 보렴." 하여 펼쳐

보니 삶은 달걀이었다. 그렇게 아프셔도 보자기에는 아들에게 주려고 삶은 달걀을 먼 길까지 가지고 오신 것이었다.

"아무렇지도 않을 터이니 염려 마셔요. 내일 진찰받으러 병원에 저랑 같이 가요. 진찰받으면 병원장님이 걱정 말라고 하실 겁니다."

내가 할 수 있는 위로의 말이라고는 고작 이것뿐이었다. 그날 밤은 밤새도록 잠이 오지 않았다. 어머니도 주무시지 않은 것 같았다.

다음날 아침, 어머니를 모시고 병원에 가서 진찰을 받았다. 결과는 사형선고와도 같았다. 위암말기 판정이었다. 참으로 청천벽력과도 같은 일이었다. 온 세상이 깜깜해오며 쓰러질 것 같았다.

병원 진단 이후 몇 개월도 못 사시고 1970년 어머니는 한 많은 이 세상을 떠나셨다.

그때 내 나이 스물둘이었다. 장례 치르기 전날, 문상 온 조문객들을 맞이하다가 나는 졸도하였다. 나중에 들은 얘기이지만 나는 어머니의 영혼이 들려(신들려) 많은 이야기를 하였단다. 한참 후에 달려온 큰누나가 나의 귀에 입을 대고 귓속말로 어머니의 영혼을 위로해 주자 평온을 찾았는지 한 시간 동안이나 잠들었다가 깨어났다고 한다. 장례일에도 두 차례나 혼절하였다.

그 후에도 오랜 기간 동안 밤마다 꿈속에서도 어머니를

찾아 헤맸다. 어머니를 잃은 나는 그 충격으로 숱한 날들을 방황하였다. 너무나 큰 아픔이고 충격이었다. 어떻게 말로 다 표현할 수 있으랴.

이 세상에서 나를 가장 사랑한 여인. 혹독하리만큼 쪼들리는 가난 속에서도 아들만을 위하며 아들 하나 믿고 살아온 여인, 나의 어머니! 호강 한번 못해보고 고생만 하시다가 세상 떠난 어머니를 생각하면 지금도 목이 메고 눈물이 앞을 가린다.

오늘 밤은 어머니를 꿈속에서라도 뵈올 수 있을는지.

서울에서 온 소포

오늘따라 초인종 소리가 정겹다. 아니나 다를까 집배원이 전해주는 반가운 선물이다. 서울에서 후배가 보내 온 소포였다. 뜯어보니 최근 베스트셀러인 수필집이라 그리던 벗을 만난 듯하다. 며칠 후 고향을 방문한다는 메모도 들어 있다. 얼마 전에도 '세한도歲寒圖' 영인본을 보내왔었다. 퇴직한 선배의 적적한 마음을 위로하기 위해 보낸 것이리라.

한두 번이 아닌 그 정성이 너무도 고맙게 느껴진다. 직장 초년생 시절에 같이 근무했던 내가 좋아하는 후배인데, 지금은 중앙본부 국장으로 근무하고 있다. 직장 후배가 보내 온 소포를 보니 새삼 그 시절에 겪었던 사건이 아련히 떠오른다.

내 나이 스물다섯 되던 해 봄, 주변 사람들의 기대와 부러움 속에 군 농협 지도부에 근무발령을 받아 고참 직원들이 담당하는 어려운 지도업무를 맡게 되었다. 직장생활은 학교시절에 생각했던 것보다 훨씬 어려움이 많았다. 업무능력과 경험 부족으로 일 처리하는 데 갈팡질팡하여 꾸지람을 들으며 일을 하나하나 배워 나갔다.

그해 가을, 우리 부서에 직원 한 사람이 증원, 배치되어 왔다. 실력도 뛰어나고 멋진 친구였다. 내 담당업무도 가벼워졌고, 더구나 서로 위로할 수 있는 후배동료까지 생겨 마음이 날아갈 듯 홀가분한 기분이었다. 얼마 후 선달에 접어들었다. 연말결산 법인이라 12월은 엄청나게 바쁜 달이다. 전 직원이 총동원되는 자금회수는 중요하고도 힘든 업무였다. 한 해 동안에 융자해 준 돈을 농산물 수확 판매시기에 맞춰 회수해야 결산이 된다.

지도부서에 근무하는 나도 자금회수에 임해야 했다. 관내에서 제일 여건이 어렵다는 마을을 담당하게 되었다. 다행스럽게도 그 후배는 내가 맡은 마을의 인근을 담당하였다. 휴일 없이 토요일, 일요일은 자금회수 출장을 나갔다. 자가용을 구경하기도 어려웠던 시절이어서 출장 때는 걸어서 돌아다녔다. 우리는 함께 농가를 방문하며 서로 격려하고 도와주었다. 출장 시에는 주판, 자금회수부, 약인이 찍힌 영수증(가영수증)을 가지고 다녔다. 자금을 회수하면 가영수증을 고객에게 드리고, 1부는 정산용으로 보관한다. 회수한 자금은 출장 다음날인 월요일 중으로 입금시켜 정리해야 한다.

어느 월요일 아침, 일찍 출근하여 회수한 자금을 입금정리하려고 장부를 찾았다. 그런데 어찌된 일인지 가영수증철이 없어진 것이다. 하늘이 노랗게 보이며 쓰러질 것 같았다. 그 시절에는 이것을 분실하면 사고 처리되고 직장에서 쫓겨나는 경우가 허다했다. 금융기관에서는 백지 자기앞수표처럼 가영수증은 중요용지로 관리했다. 분실 자체만으로도 돈을 받아 횡령이나 유용했다고 의심을 받았다. 신용을 생명으로 여기는 금융기관에서는 이런 직원을 사고위험 1호로 주목하고 부적격자로 판단하여 징계조치한다.

사무실은 비상이 걸렸다. 겨울 날씨만큼이나 분위기가 싸늘하게 얼어붙었다. 견디기 어려운 차가운 눈총이 나에게 쏟아졌다. 전무의 엄명이 나에게 떨어졌다.

"며칠 동안 기회를 줄 테니 분실된 가영수증을 꼭 찾아와라."

사무실을 나서는 발걸음이 천근만근 무거웠다. 그 후배는 제 일처럼 앞장서 함께 나섰다. 그에게서 농협 직원들의 농심 같은 순수함과 따뜻한 인간성을 느낄 수 있었다. 둘이서 주말에 다녔던 농가는 물론 골목길과 밭길과 들길 할 것 없이 찾았다. 눈보라치는 날씨에도 마을 구석구석을 다 찾아다녔지만 허탕만 쳤다.

밤에 집에 돌아와 잠자리에 누워도 잠이 잘 오지 않았다. 눈을 감으면 가영수증이 선히 떠올라서 벌떡 일어나면 깜깜한 어둠이었다. 다시 눈을 감은 채로 그 날 하루 동안 다녔던 길을 꼼꼼히 찾아다니며 혹시나 빠뜨린 곳이 없는지를 확인해 보곤 했다. 업무도 팽개친 채 둘이서 일주일 동안 현지를 돌아다니며 찾았으나 헛수고였다. 눈보라 몰아치는 겨울이라 길 위에 떨어져 눈 속에 묻혀 버렸을지도 모를 일이다.

기진맥진한 나는 찾는 걸 결국 포기하였다. 그 후배는 나를 보며 무척이나 안쓰러워하였다. 징계위원회에 회부되어 처분만 기다릴 수밖에 없었다. 사무실에서는 다른 직원들을 동원하여 내가 담당한 마을의 융자금 미회수 농가를 상대로 확인에 나섰다. 확인한 결과, 회수 자금에는 털끝만치도 아무 이상이 없었다.

나중에 문제가 생기면 모든 책임을 지기로 각서를 쓴 후 '주의조치'를 받고 이 사건은 마무리되었다. 중징계조치를 받는 건 불가피할 것이라고 걱정하던 동료들도 자기 일처럼 기뻐하였다. 그 후배가 결정적인 참고의견을 진술해주어서였다.

"결코 고객이나 회사 돈을 횡령 또는 유용하거나 편취할 분이 아니다."

직원이 이런 진술을 한다는 것이 당시에는 쉽지 않은 일이었다. 마음속 깊이 각인될 만큼 큰 감동을 준 충격적인 증언이었다. 후배동료가 나의 신용을 확실하게 보증해 준 것이다. 직원들이 다른 눈으로 보기 시작했다. 나를 위로해 주며 훌륭한 후배를 두었다고 부러워하였다. 나는 입술을 굳게 다물고 주먹을 불끈 쥐었다. 믿음과 신뢰를 준 그 후배의 기대에 어긋나지 않은 선배가 되겠노라고 다짐했다. 새롭게 다시 태어난 기분이었다.

직장생활을 마감하고 퇴직한 지도 몇 년이 지났다. 선물 받은 수필집을 펼치면서 그의 넉넉한 얼굴을 떠올린다. 미안한 마음과 고마운 마음으로 얼룩진 내 침묵도 펼쳐든 책장 위로 여울진다. 그에게 비치는 내 모습은 과연 어떤 모습일까 궁금하다. 그 시절 다짐했던 각오만큼 훌륭한 선배 노릇을 제대로 하였는지. 그런 것 같지 않다. 얼굴을 쓰다듬어 본다. 미안한 마음으로 꺼칠꺼칠한 피부가 손에 잡힐 뿐이다. 그래도 그 얼굴 잊지 않고 종종 소식을 보내주는 후배가 있어 외롭지 않다. 그가 고향에 오면 술 한 잔 나누며 부끄러운 속마음을 털어놓고 싶다.

아픔과 애증愛憎도 지나고 보면 그리워지는 게 인지상정인가 보다.

머귀나무 궤

소상의 손때가 묻은 궤를 만지며 생각에 잠긴다. 며느리를 아꼈던 시아버지의 사랑이 담긴 어머니의 유품이랄까, 높이가 두 자도 안 되는 자그만 머귀나무 궤지만 내가 소중히 여기는 물건이다. 처음엔 옻칠을 했을 터인데 지금은 거의 원색이다. 유품에는 그 시대의 시류가 반영된 멋이 남아 있게 마련이다. 세월의 흔적만큼이나 둔탁해 보여도 자세히 살펴보면, 본래의 멋과 색깔로 돌아온 듯해 더욱 정감이 든다. 우리 집 자산 1호라 불린다.

몇 해 전이다. 평생 안주할 주택을 지으면서 오래전부터 바라던, 나만의 방을 하나 마련했다. 옥탑 다락방엔 그 궤가 한 구석을 차지하고 있다. 서재이기도 한 이 방을 곧잘 찾는다. 전용공간이 생긴 이후로 사색을 즐기는 시간이 꽤

많아졌다. 이 방에 들면 계절 따라 변하는 한라산 전경이 아름답다. 여름이면 숲 속에서 울어대는 매미 소리 또한 요란스럽다. 잊었던 고향집이 눈앞에 어린다.

고향집엔 마당 구석진 곳에 큰 머귀나무가 있었다. 지루한 장마가 걷히고 방학이 시작되면 매미들이 이 나무에서 여름 내내 울어댔다. 나뭇가지엔 가시가 촘촘해 애들이 가까이 접근하지 않는다. 그래서인지 매미들이 곧잘 몰려든다. 매미는 애벌레로 땅속에서 몇 년을 살다 지상으로 나와 겨우 일주일쯤 살고서 생을 마감하고 만다. 신나게 울어대는 매미 소리는 어쩌면 짧은 생애에 대한 애달픈 사랑 노래가 아닐는지. 머귀나무는 그게 안타까워 보호막이 되어주는 것일 게다. 머귀나무의 배려와 사랑을 매미도 느낄까.

머귀나무가 있는 고향집은 낡은 초가였다. 아버지는 공직생활을 하면서 객지에 살아 어머니가 고향에서 혼자인 할아버지를 모셔야 했다. 힘이 장사이고 억센 할아버지는 농사일은 물론 목수일도 하였다. 어려운 형편에서도 할아버지는 이순에 새 집을 지었다. 이 '물동산집'이라 부르는 고향집은 초가삼간이었지만 안채, 바깥채 등 집이 세 채였다. 집을 새로 지으니 "이젠 제법 종갓집 구색을 갖췄다."며 친족들이 좋아하였다.

가시가 내돋은 머귀나무의 사연을 할아버지는 알고 있었을까. 며느리의 삶이 안쓰러워 보였으리라. 집을 지으면서 머귀나무로 자그마한 궤를 만들어 며느리인 어머니에게 준 것이다. 집 신축 기념 선물이었다. 어머니의 기쁨이 얼마나 컸을 것인가. 그 궤를 살림방 시렁에 두고 애지중지하였다.

할아버지가 세상 뜨시고 아버지도 일찍 돌아가시자 올망졸망한 어린 자식들뿐, 어머니는 당신 혼자였다. 힘든 일을 홀로 감당하며 억척스레 살아야만 했다. 종갓집 며느리 역할 또한 힘들었을 거다. 한 많은 세월의 굴곡을 어떻게 넘어왔을까. 괴로움이 오죽했으랴 싶다,

힘든 밭일을 하고 집에 와서도 어머닌 그 궤만 보면 얼굴을 활짝 펴셨다. 당신의 그런 힘은 어디서 솟아나는 것이었는지? 그 힘의 원천을 어린 나는 도무지 알 수가 없었다. 자식들은 궤를 함부로 열지 않았다. 어머니의 전유물이었기 때문이다. 궤 속에는 도대체 무엇이 들어있나 늘 궁금했다.

흘러간 세월의 흔적 그 자체가 당신에겐 큰 힘이었다. 가끔 지나가는 말씀이었지만, 저 세상에서 만날 그분들을 생각하면 없던 힘이 절로 솟아난다는 깊은 뜻을 당신이 돌아가실 때에야 비로소 알았다. 궤는 소중한 족보나 밭문서랑 귀한 옷을 두는 장롱이요, 지난날 삶의 흔적을 보관하는 금고였다. 그 머귀나무 궤 속엔 세상 떠날 적에 입을 수의壽衣까지 준비해 두고 있었다는 것을 누가 짐작이나 했겠는가.

돌아가신 분에 따라 상주가 짚는 상장喪杖이 다르다는 걸

안 것은 그때였다. 부상父喪에는 왕대나무를, 모상母喪의 경우 제주에선 머귀나무를 썼다. 상례관습이었다. 머귀나무에 가시가 촘촘하듯 어머니의 사랑과 잔정이 그러하기에 그걸 기리는 뜻에서란다.

어머니가 저 세상으로 떠나신 후 그 궤를 누나가 보관해 왔다. 나는 직장생활을 하며 오랫동안 떠돌이 셋방살이 신세였다. 내가 장가가던 날 저녁, 누나는 '남기신 말씀'을 전하며 목이 메여 말끝을 다 맺지 못했다. 가슴 저리는 울음이었다.

"남겨줄 거라곤 아무것도 없는데, 훗날 막내가 장가가면 필요할 테니…."

할아버지가 준 궤를 선물로 후손에게 남기고 싶었는가 보다. 아내는 그 궤를 받고 소중한 유품이라며 무척이나 기뻐했다. 가난한 종갓집에서 살아온 시어머니의 고초를 아는지, 보물처럼 간직하고 있다. 이사 때마다 옮겨 다니다 이젠 다락방에 안주하고 있다.

혼자이고 싶을 적엔 다락방을 찾는다. 나만의 공간에서 사색에 잠길 때면, 무언의 소리가 궤에서 들리는 듯하다. 집안을 잘 돌보고 있는지, 형제간에 혈육의 정을 나누며 더불어 살아가고 있는지 묻는 소리다. 인정머리 없고 속이 좁아 죄인인양 고개를 못 들고 쩔쩔매는 그 사람은 누구인가. 감출 수 없는 내 모습이다. 옷깃이 여미어진다.

다락방은 궤가 있어 포근하고 훈훈하다. 궤 앞에 앉으면 조상들의 숨결과 사랑을 느낀다. 조그만 궤를 조심스레 쓰다듬어본다. 어머니 체온 같은 따스함이 온몸으로 번진다. 억척스런 그 삶의 모습이 후손에게 귀감으로 다가온다. 이 궤를 후대에 물려줄 생각을 하니, 조상의 얼이 담긴 유물이라 더 소중하게 여겨진다.

머귀나무 있는 고향집이 오늘 그립다. 저 멀리로 매미 소리 들려온다.

억새꽃 핀 들녘

얼굴을 스치는 바람이 제법 맵다. 가을이 깊어갈수록 진한 그리움이 안으로 파고든다. 마음은 아직 청춘인데, 계절에 대한 느낌이 해마다 달라지고 외로움마저 친구처럼 익숙해진다. 고향 들길을 걷노라니 생뚱맞게 가을 속에 슬그머니 눕고 싶은 충동이 인다. 가을은 그리움의 계절이어서 그럴까.

산과 들녘엔 하얀 가을이 펼쳐지고 있다. 억새꽃이 물결을 타고 흥겨운 춤을 춘다. 손 흔들며 반갑다고 소리를 낸다. 꽃의 빛깔과 속삭이는 소리가 시시때때로 다르다. 저 억새처럼 살다 가신 어머니의 삶이 떠오른다.

스무 살에 시집온 새댁은 억새꽃 피는 이 들녘에서 가난과 씨름하며 어려운 농사일을 젊음으로 이겨내며 살았다. 새댁은 꿈과 희망이 넘쳐흐르는 당차고 고운 여인의 모습으로 젊음을 발산했으리라. 이슬 머금은 억새꽃이 아침햇살을 받아 불그레한 구릿빛 아름다움을 발하듯.

자식 낳고 시부모 모셔 살던 그 여인의 중년시절은 억새꽃 본래의 빛깔인 야성미가 넘치는 은빛 같았다. 한낮이면 푸른 하늘 밑에서 은빛 구름나라를 펼치듯이, 자녀들과 행복한 삶을 위해 땀 흘리며 살았을 것이다. 더구나 늦둥이로 낳은 아들을 '금이야, 옥이야.' 하며 키웠을 터. 그 시절 종갓집 며느리는 아들을 낳아야 그 의무를 다하는 것이라 했다니 가난마저도 큰 문제는 아니었던가 보다.

억새꽃 핀 들녘은 약한 바람에는 평온한 모습이지만, 거센 바람에는 성난 파도처럼 소리치며 출렁거린다. 여인은 출렁이는 노도처럼 험한 삶을 이를 악물고 혼자 헤쳐 나가야 했다. 은빛 바다를 날개 달고 날아가듯 당당하게.

태양은 오늘도 뜨고 진다. 서산을 넘어 바다로 질 때면, 억새꽃은 노을을 머금으며 온 들녘을 황금빛으로 물들인다. 밭일로 뼈가 굵은 그 여인은 억새밭 일터에서 자녀들에게 노동의 소중함을 가르쳐 주던 엄한 여인이었다. 힘든 모습이나 섭섭한 마음을 보인 적이 결코 없었다. 황금빛을 머금은 억새꽃 같았다고나 할까. 사랑과 지혜, 모든 것을 남겨주고 떠난 그 여인의 삶은 억새꽃이 피면 생생하게 되살아난다. 어머니의 모습이 억새꽃 저 멀리서 비쳐온다.

억새는 세월에 아랑곳하지 않고 불어오는 바람과 뜨고

지는 태양에 몸을 내맡긴다. 잔잔히 부는 바람에는 순한 양 같으나, 빠르게 휘몰아치는 바람 앞에는 질풍노도의 평원을 달리는 야생마 같다. 아침저녁, 형형색색으로 빛깔이 변하는 억새꽃은 화려한 옷으로 멋을 내는 여인이라고나 할까. 자연에 제 몸을 내맡기고 그에 순응하며 살아가는 억새가 참으로 겸손하고 지혜롭다.

사방이 적요하다. 바람 부는 억새밭에 홀로 서 있는 나를 바라본다. 가차없는 세월의 흐름이 나를 오늘 이 시점까지 데려왔다. 삶의 길에서 만났던 온갖 환난과 기쁨들이 억새꽃 물결 따라 서서히 밑바닥으로 가라앉고 있다. 그 물결 속으로 빠져들고 싶은 충동처럼 염치없이 몰려드는 이 그리움과 외로움을 어찌하랴. 바람 앞에 흔들리는 희끗한 머리카락이 억새인지 머릿결인지 분간할 수조차 없다.

한낮에 온 들녘을 은빛으로 수놓던 억새꽃은 지는 노을 따라 황금빛으로 가을을 서서히 물들이고 있다. 스러져 가는 황혼이 처연하다. 억새를 흔들며 지나는 찬바람은 내 옷깃을 여미게 한다. 억새가 부딪히며 내는 소리는 어쩐지 구슬프다. 세월의 흐름에 대한 아쉬움과 서글픔을 서걱서걱 소리로 토해내려 하는 것인가. 바람에 흔들거리는 억새가 어깨를 들썩거린다.

가을이 억새꽃 물결 위로 흘러가고 있다. 결실과 상실을 간직한 채.

어느 시인의 가을

잎이 진다
하늘의 먼 정원이 시들어 가듯
거부하는 몸짓으로 잎이 진다
그리고 깊은 밤중에
무거운 지구가 고독에 잠긴다
다른 모든 별들에서 벗어나
우리들 모두가 떨어진다
이 손이 떨어진다
보라, 다른 것들을. 모두가 떨어진다
그러나 어느 한 사람이 있어
이들 낙하落下를 한없이 너그러이
그의 양손에다 받아들인다.

– 릴케, 〈가을〉

가을은 낙엽이 지는 계절. 쓸쓸하고 고독하다. 나뭇잎이 떨어져 뒹구는 수목원 숲길을 걸으면서 상념에 잠긴다. 여름에 무성했던 나무숲은 점점 가을바람에 낙엽을 휘날리고, 앙상한 나뭇가지 사이로 가을 햇볕이 스며들어 더욱 애잔한 그림자를 드리운다. 가을의 시상詩想에 깊이 빠져들고 있다.

잎이 진다. 나무에 매달려 있으려고 안간힘을 써 보지만 소용없는 일이다. 떨어지는 나뭇잎이 낙하를 거부하는 몸짓으로 서서히 바람에 휘날리듯 쓰러지며 숲길을 덮어간다. 나무와 꽃과 풀들이 수명을 다하여 옛 추억에 잠기듯 거부하는 몸짓으로 잎이 진다.

이토록 처연한 숲 속에 깊은 밤이 찾아든다. 모든 생명이 숨을 거둔 듯 고요한 밤이다. 어둠이 너무 깊어 아무도 찾아오는 기척이 없다. 무거운 침묵이 흐르는 시간이다. 지구가 지녀야 할 무량의 고독에 잠긴다. 외롭다. 혼자 버려진 느낌이다. 상념의 가을이라 낙엽처럼 떨어져 누운 채 고독을 달래야 한다. 여름의 풍요로움은 자취를 감추고, 혼자 쓸쓸하게 이 고독을 달래어 보지만 이제 지상과도 헤어져야 하는 영원한 이별 앞에서는 외로움뿐이다.

우주의 수많은 모든 별들 중에서 나의 별인 이 지구가 너무나 무거운 고독의 무게를 견디지 못하고 상온의 궤도를 벗어난다. 지구상에 존재하는 모든 사물과 더불어 인간의 회한도 나뭇잎 떨어지듯이 낙하한다. 지구의 늘 푸른 꿈을 믿는 나도 그들과 함께 떨어진다.

보라! 과거의 모든 인간이 잎이 지듯 떨어져 사라지고 만 것을. 이 세상의 만물은 태어났다가 다 사라진다. 나고 죽는 이 자연의 법칙 앞에는 예외가 없다.

그러나 떨어지는 인간들을 받아들이는 이가 있다. 하느님이다. 한없이 너그러이 양손에다 받아들인다. 가난한 자, 병들어 고생하는 자, 지위 고하나 빈부귀천을 가리지 않고 낙하하는 모두를 한없이 너그러이 양손에 받아들인다. 사랑의 하느님, 용서의 하느님이다.

구약성경 창세기편을 보면, 태초에 하느님께서 하늘과 땅을 창조하시고, 당신의 모습으로 사람을 창조하시어 그들에게 복을 내리셨다. 당신이 창조하신, 당신 모습을 닮은 인간이 얼마나 사랑스럽겠는가.

우리가 사는 이 지상에서의 삶은 신앙인의 눈으로 보면 일시적이다. 이 땅에서의 삶은 영원한 삶에 비하면 너무나도 짧다. 이곳은 우리가 임시로 거주하는 장소이다. 결국 인간은 지구상에서 나그네이며, 순례자임에 틀림없다. 신앙인의 본디 참모습은 영원한 삶의 추구에 있다. 우리가 숨쉬며 사는 이 세상에서의 일생은 인간 삶의 전부가 아니라 일부이며, 일시적인 삶이다. 인생 삶의 나머지 부분들은 하늘나라에 가서 채우게 된다.

낙하하는 우리를 한없이 너그러이 양손에 받아들이는 이가 있다. 하늘나라에 우리를 기다리는 하느님의 사랑과 은총이 있다. 이제 가을을 잃고서도 찾아드는 겨울이 춥지만은 않을 것이다. 눈보라를 이겨내는 따뜻한 집이 있어 우리를 훈훈하게 해주듯이 말이다.

시인 릴케는 그의 시 「가을」에서, 내면적인 풍요와 조각적인 수법으로 잎이 지는 계절인 가을의 자연 현상을 빌려 고독과 죽음을 리얼하게 다루고 있다. 시인은 「가을」에서 높고 맑은 신앙인의 눈으로 정신적, 종교적 차원에서의 하느님의 사랑을 깊이 있게 바라보고 있는 것이다. 그는 우리 인간의 고독과 죽음과 허무를 신앙으로 극복하고, 한 차원 높게 하느님의 사랑으로 승화시키고 있다. 어느 한 사람이 있어 낙하하는 우리를 한없이 너그러이 그의 양손에 받아 들인다고 하느님의 사랑을 시로 노래하고 있다.

신이 주신 은총으로 깨달은 시인의 가슴이 포근하고 따스하게 느껴진다.

그 선배의 후배 사랑

자신이 스스로 미워질 때가 기끔 있다. 자존심에 상처받을 때가 그러하다. 자존심이 상하면 화가 나고, 모든 게 귀찮아지기도 한다. 이런 일만은 피하고 싶다. 자존심을 지키고 싶은 게 어디 나쁜이겠는가.

늦은 아침, 반가운 전화가 걸려왔다. 승진시험에 합격되었다면서 후배가 오후에 집에 놀러 온다고 한다. 목소리만 들어도 그가 무척 대견스럽다. 창밖을 바라보며 기쁜 마음으로 그를 기다리고 있다. 어려움 속에서도 마음 뿌듯했던 직장시절의 감회가 떠올라 들뜬 기분이다.

기대와 설렘 속에 시작한 직장생활은 내 인생의 새로운 출발이었다. 직장 초년생의 고충을 어찌 다 말할 수 있으랴. 전자계산기도 없고 컴퓨터도 없던 시절이었다. 하나에서 열까지 새로 배워야 했다. 꾸지람을 듣는 게 일과였다고나 할까.

나의 무능함에 스스로 화가 나고 속이 상했다. 직장이 이런 곳이고, 직장생활이 이런 것일까 하는 회의懷疑도 들었다. 인정을 받고 싶은데 아무도 나를 인정해 주지 않는 데 대한 불만이 바로 문제였다. 왜 그러는지를 살펴볼 마음의 여유가 전혀 없었다. 자신의 모자람을 인정하기가 그리 쉬운 일인가. 가난에 쪼들리던 시절에는 세끼 밥을 먹을 수 있는 직장만이라도 있었으면 했다. 한데 직장생활을 하게 되니, 새로운 욕구가 생기고 불만도 쌓이며 커가는 것이었다.

직장동료들이 왠지 쌀쌀맞게만 느껴졌다. 나는 동료들과 함께 어울리지 못하는 외톨이였다. 다정하게 말을 건네주는 동료도 없었다. 직장을 그만둘까 하고 고민에 고민을 거듭하고 있었다.

그해 봄, 경상도에서 젊은 K선배가 상무로 승진하면서 기획실장으로 부임해 왔다. 나보다 두 살 연상인 그분은 직원들의 존경과 부러움을 한몸에 받았다. 젊은 나이에 어려운 승진고시에 당당하게 합격했기에 더 그랬으리라. 여러 해 동안 우리 사무실에서는 승진고시에 합격자를 내지 못해 안타까워해 왔다. 그분은 실력이 뛰어날 뿐만 아니라 인품도 훌륭하였다. 일을 잘 챙기고 매사에 솔선수범하며 아랫사람과 조직을 아끼는 모습에 존경하는 마음이 저절로 생겼다.

기획실장은 같은 부서에 근무하는 나를 안타깝게 보았는지 어려움이 있을 때마다 좋은 충고와 격려로 용기를 주곤 했다. 곁에 있으면서 때로는 맏형처럼, 더러는 친구같이 그랬다. "하면 된다. 할 수 있다."라고 하면서 늘 자신감을 심어주었는데, 그건 그분의 생활신조이자 좌우명이었다.

"오 주임, 억울하면 승진시험에 합격하게나."

어느 날 저녁, 상처받은 나의 마음을 읽기라도 한 듯 내 가슴을 콕 찌르는 아픈 자극을 주었다. 선배로서의 충고라기보다 위로라는 생각이 들자, 식사하다 말고 눈시울이 붉어졌다. 자존심의 상처를 치유할 길은 시험에 합격하는 것이라는 조언이었다. 목표를 정하니 용기와 힘이 솟구쳤다.

바쁜 업무에 시달리면서도 합격해야 된다는 일념으로 이를 악물었다. 직장을 그만두더라도 시험에 합격하고야 말겠다는 마음을 먹으니 오히려 편안한 기분이었다. 늦은 밤에도 잠자리에 들었다가 벌떡 일어나 다시 책상 앞에 앉았다. 이제 보니 그때가 30여 년 직장업무의 기본지식을 쌓은 소중한 시간들이었는가 싶다.

유월 어느 날, 승진시험 합격자 명단에 내 이름이 끼여있었다. 그 순간만은 날아갈 듯한 기분이었다. 아무리 작은 목표라도 원하는 바를 달성하면 누구든 그럴 거다. 그 선배도 자기가 합격한 것처럼 좋아하였다. "젊은 나이에, 목에 힘주는 거 아냐?"라며 농반진반弄半眞半으로 하는 친구들의 충고도 귀 너머였다. 동료들의 축하와 격려로 얼마 동안은 시간이 어떻게 지났는지도 몰랐다. 용기와 힘을 주며 많은 배려를 해준 선배에게 고마운 마음이었다. 책임자로서 '잘 해낼 수 있을까.' 하는 걱정도 없지 않았지만 무엇보다 내가 인정받았다는 사실에 마음 뿌듯했다.

사람은 누구나 욕망을 가슴에 품고 사는 게 아닐까. 더구나 남에게서 인정을 받고 싶은 욕구는 모두에게 공통되는 것이리라. 시험 합격으로 자존심의 상처가 하루아침에 치유된 느낌이었다.

예상외로 아내는 아무 내색도 않고, 처가에도 한번 찾아가 어른들께 인사드리라고 하면서 나를 채근하였다. 결혼 후 한동안 찾아뵙지 않아 아내의 서운함이 컸었던가 보다. 오랜만에 찾아뵈니 장인도 무척이나 반가워했다.

"이건 조그만 선물일세. 늘 명심하게나."

장인은 봉투 하나를 선물로 주었다. 궁금증을 참지 못해 집에 오자마자 봉투를 열어보니, 조송曹松의 시 한 구절이 들어있었다.

'일장공성만골고一將功成萬骨枯라!' 한 장수가 공을 이룸에 만 명의 뼈가 시든다.

책임자의 공은 부하들의 수고로움으로 이루어지는 것이

니, 늘 부하를 사랑하고 그 수고와 아픔을 잊지 말라는 좋은 뜻에서 이걸 선물했으리라. 이런 책임자의 표상이 바로 그분이 아닐까 하는 생각이 들었다. 후배의 상처받은 자존심까지 보듬어주는 그런 선배를 만난 것은 내게 큰 행운이었다.

직장인이면 누구나 훌륭한 선배를 본받고자 한다. 어떤 선배를 만나느냐에 따라 직장생활이 달라진다. 정을 주는 따뜻하고 넉넉한 선배와 인연을 맺을 수 있다면 더 무얼 바라겠는가. 그분은 지금도 정과 사랑이 예전이나 변함없다.

지난날을 돌아볼 때면 "후배들에게 그때 잘해 줄 걸." 하는 아쉬움이 문득문득 찾아드는 요즘이다. 직장생활의 보람을 왜 먼 곳에서만 찾으려고 했을까. 후배가 오후에 집에 오면 '만남의 인연'에 대한 정담을 나누련다. 그 선배 이야기는 빼놓지 않고 말이다. 존경과 감사의 마음도 함께 실어서.

내 마음을 알 거야

초여름인데도 무척 덥다. 몸에서 열과 땀이 난다. 마음속의 열을 식히려 옛 추억도 회상해보고 생각도 집중해 보지만 신통치 않다. 지구 온난화로 열기가 더 높아졌나. 자연 속에서 신선한 기운을 만나 열을 가라앉히려 산과 들로 나선다.

들길에도 바람 한 점 없다. 길가 밭에서 경운기로 밭 가는 농부가 보인다. 주름진 농부의 얼굴에서 땀이 방울진다. 어릴 적 이때쯤이면 보리수확이 끝난 후여서 밭을 갈고 고구마를 심느라 농촌 일손이 한창 바쁜 철이다. 경운기가 없던 그 시절엔 밭갈이는 멍에 지운 소가 맡아 했다.

그 옛날 우리 집엔 황소 한 마리가 있었다. 몸집도 크고 넓은 이마에 거대한 뿔이 난 힘센 수소였다. 이 녀석은 우리 가족의 일원이요, 할아버지의 친구였다. 가난을 견뎌낼 수 있었던 건 녀석의 공로라 할 것이다. 억척스런 할아버지와 한 팀이 되어 남의 집 일도 해줘 받은 품삯으로 집안에 웃음꽃을 선사하곤 했다.

마구간에 먹이를 주러 가면 친구처럼 늘 반겼다. 할아버지가 돌아가신 후에도 나를 잘도 알아보았다. 농한기인 겨울, 냇가에 물 먹이려 녀석을 몰고 다녀오는 건 어린 나의 몫이었는데 그건 기분 좋은 일이었다. 동네 애들이 큰 소 옆에 오는 걸 두려워하니 어깨가 으쓱해질 수밖에.

가장 신나는 건 백중날이었다. 음력 칠월 보름인 백중은 예로부터 아랫사람들이 즐기는 명절이었다고나 할까. 소와 더불어 농사일이 끝난 일꾼들이 놀며 쉬는 날이었다. 지금으로 말하면 바로 노동절이었던 셈이다. 견우직녀가 만나는 칠석날부터 일주일 동안 이어져 보름이면 절정이었다. 무더운 때라 바닷가를 찾기도 하고, 떡을 해먹으며 우마가 있는 집은 다 놀았다. 보름밤엔 백중잔치에 참석해 온 밤을 즐겼는데, 달밤 술래잡기는 잊지 못할 추억이다. 적당한 휴식은 생산성을 높인다는 걸 알았기에 이런 풍습이 생겼으리라. 옛사람들이 참으로 현명했음이다.

가을 어느 아침, 조반을 먹고 있는데 손님이 찾아왔다. 동네 어른과 함께 온 낯선 남자 한 분이었다. 알고 보니 소 장수였다. 어머니의 간청으로 동네 어른이 알선하여 이뤄진 만남이라 했다. 일꾼 몇 사람 몫을 하는 우리 집 황소가 아닌가! 소를 팔려는데 모두 깜짝 놀랐지만 어머니의 뜻을 어쩌랴.

흥정이 이뤄지기 전에 소장수는 '일 잘하는 소라야 한다.'며 소를 앞뒤 좌우에서 둘러보기도 하고, 엉덩이도 때려보고, 다리를 만져보기도 했다. 건강한지, 몇 살이나 되었는지, 거래 가격은 어느 정도인지를 묻고 확인하는 게 매우 진지하였다. 서로 나누는 말소리가 제법 커지자 동네 어른이 황망히 손을 저으며 일어섰다.

"이봐요, 알아들어요. 소 앞에서 이럴 수가 있소? 장소를 옮겨 얘기합시다."

말을 알아듣기에 '소 앞에서 조심해야 한다.'는 걸 들은 게 그때가 처음이었지 싶다. 다행히 동네 어른의 주선으로 흥정이 잘 이루어졌다. 다음날 돈을 받고 소를 넘기기로 한 것이다. 큰형 대학 학자금 때문이었다는 걸 안 것은 나중이었다.

소가 집 떠나는 그날, 누나가 훌쩍이며 울기 시작하자 나도 덩달아 엉엉 울고 말았다. 가족처럼 함께 살아온 소다. 팔려가는 녀석이 불쌍하기도 하고 헤어지는 게 섭섭해 막 울어버렸다. 집안의 버팀목이 없으면 어떡하나 하는 걱정에서 더 그랬을까. 삶의 고뇌로 희끗해진 머리에 눈매가 촉촉하게 젖은 어머니는 말 한마디 없었다. 그 마음을 아는지 모르는지 식구들을 향해 음매~하고 크게 소리치고는 눈만 껌뻑이며 떠나가는 모습이 안쓰러웠다. 동네 어른이 "소도 네 마음을 알 거다."라면서 우는 나를 달래며 들려준 건, 밭을 가는 소와 황희 정승의 일화였다.

황희 정승의 젊은 시절, 그분이 들길을 지나다 나무 그늘에서 잠시 쉬고 있는데 저만치서 누렁소와 검정소를 부리며 밭을 가는 농부의 모습이 보였다. 심심하던 터라 밭 가는 농부를 보고 큰 소리로 "어느 소가 일을 더 잘하오?" 하고 물었다. 농부가 밭을 갈다 말고는 다가와서 귓속말로 "꾀 많은 검정소보다 누렁소가 잘하지요." 하고 대답하였다. 그의 행동에 의아한 황희가 그 사연을 묻자 농부가 정색을 하였다.

"허어, 아무리 말 못하는 짐승이라도 제 잘못을 이야기하는데 좋아할 리 있겠소? 그건 선비가 아직 젊어서 잘 모르시는 말씀 같소이다."

짐승조차 그러한데 사람이야. 황희는 농부의 사려 깊은 언행에 감동을 받고 고개를 들 수 없었다. 농부만 한 스승이 없구나! 크게 깨달은 그는 이후 더욱 과묵하고 신중하게 처신하였다. 그날의 경험을 평생 교훈으로 삼고 실천하였으니, 태평성대인 세종 이후 후대까지 존경받는 황희의 모습은 결코 우연이 아니었다.

나는 소를 좋아한다. 소의 눈을 정면에서 똑바로 바라보

라. 거기에 빨려드는 느낌이 든다. 언제나 촉촉이 젖은 눈엔 맑은 눈물방울이 맺힌 것 같다. 전생의 업보가 무엇이기에 '왜 하필 소로 태어났을까.'라는 하소연인가. 껌뻑거릴 때의 큰 눈은 겁먹은 것 같지만 전혀 두려움과 거짓이 없는 눈이다. 농부처럼 우직함과 진솔함이 그 눈에서 보인다. 사람 마음을 속속들이 들여다보는 듯하다.

쇠고기 파동으로 야기된 촛불집회가 이어지는 요즘이다. 촛불이 더위를 부채질하는지 날씨도 무덥다. 칠흑같이 어두운 난국에 빛을 밝혀주려는 불길일까. 식품안전에 대한 불안 때문만은 아니리라. 사회 전반에 대한 성찰이 절실하다. 백성의 소리에 더 귀 기울여야 한다는 목소리가 높다. 신중하고도 긴 안목으로 원칙을 지키며, 뛰어난 조정력과 설득력을 지닌 황희 정승 같은 큰 인물이 아쉽다.

생명의 기운이 충만한 자연에서 농업으로 살아온 우리다. 자연과 농업만 한 스승이 어디 있으랴. 자연에는 조화로운 질서가 있고, 생명을 지탱하는데 농업은 필수다. 농업은 소중한 생명산업이다. 옛 선현들은 소와 농부에게서도 큰 깨달음을 얻었다지 않은가.

우직하고 진솔한 소의 눈에 작금의 현실이 어떻게 비칠지 궁금하다. 농심農心이 멍들지 않게 밭가는 농부의 얼굴에도 밝은 빛이 비쳤으면.

제비가 그렇거늘

장마가 예년보다 빨리 찾아왔다. 녹음이 우거진 수목원은 새들의 세상이다. 장마철이라 먹이가 풍족해서 그럴까. 무슨 경사라도 난 듯 새들이 주위를 날아다니며 짖어댄다. 우리 집 제비들까지 끼어들어 온 동네가 더욱 요란하다.

제비는 총명한 새다. 자기 집을 해마다 찾아오는 귀소성이 있어 사람과도 친밀하다. 지난해 떠나갔던 녀석들이 어김없이 제 집을 찾아온 것이다. 안 오면 어쩌나 내심 걱정했었다.

긴 여정에서 돌아온 제비는 쉴 새 없이 둥지 보수를 시작한다. 물 찬 제비라는 말처럼 지칠 줄도 모르나 보다. 처음 둥지를 틀 때 못지않게 정성스럽다. 흙과 지푸라기를 열심히 나른다. 집을 지을 때보다 꽤 수월한 것 같다. 전선줄에 앉아 노는 모습이 자주 눈에 띈다. 보수를 다 끝내니 짖어 대는 소리가 여유롭다. 가끔 숲 속에서 집 정원을 찾아오는 새들의 짹짹거리는 노래 소리와도 화음을 이룬다.

우리 집 정원에는 까치도 종종 놀러 온다. 동네 숲 속 새들 중에 이 까치녀석이 대장이다. 얼마 전까지도 섬이어서인지 제주에는 한 마리도 없어 육지에서 들여온 새다. 온 지 몇 십 년도 안 되는데 많이 번식되어 터줏대감 행세를 하고 있다.

까치는 제비처럼 친숙하고 길조라 하여 동네에서 까치를 함부로 괴롭히거나 잡는 일이 없다. 사람을 가까이하며 심지어 사람 흉내까지 낸다. 햇살이 반짝이는 아침, 나뭇가지에 앉아 노래를 부르거나 잔디 위를 아장아장 걷는 모습은 사랑스럽다. 보는 이의 마음에 여유와 편안함을 안겨준다.

한데 이 까치들이 급속히 불어나면서 농작물에 많은 피해를 주고 있다. 농촌에선 골칫거리로 등장한 지 꽤 오래다. 포악하고도 잡식성인 까치가 먹이사냥으로 자연생태계를 파괴하고 있다고 한다. 이제는 먹을거리가 떨어진 시골을 떠나 도심지로까지 몰려들어 애물단지라니, 까치 포획 명령이 언제 떨어질지 모를 일이다.

요즘 아내는 제비둥지를 쳐다보는 게 일이다. 외출할 때는 물론 집에 돌아와서도 한참이나 올려다본다. 어떤 때는 약속시간에 늦을까봐 걱정될 정도다. 아내의 관심은 온통 그곳에 있는 것 같다. 그도 그럴 것이, 이 녀석들은 작년에 우리 집에 둥지만 틀고는 강남으로 가버려서 얼마나 섭섭했던지. 그런데 다시 찾아왔으니 반갑기 그지없다. 지금은 알을 품고 있으니 관심이 더 클 수밖에.

바깥활동을 하는 다른 녀석은 먹이사냥을 오가며 짖어대는 소리가 제법이다. 얼마나 기쁘면 저럴까. 지지배배 지저대는 소리는 그들만의 사랑 표현인가 보다. 암놈과 수놈의 역할이 분명하고 먹이사냥 나들이는 함께 다니며, 부부애가 극진하다.

요전에 우리 집 제비가 하마터면 큰일 날 뻔했었다.

갑자기 다급한 목소리로 '쌕쌕, 짹짹' 사납게 울부짖는 게 아닌가. 평상시에 '지지배배' 하고 울 때와는 사뭇 다른 분위기였다. 제비 부부가 야단스레 소리치며 주위를 날아 맴돌면서 총 비상을 건 것이다. 도대체 무슨 일이기에 저렇게 울부짖는지 궁금하여 집 마당으로 얼른 나가 보았다.

탐욕스런 침입자가 제비둥지를 넘보는 중이었다. 정원에 가끔 놀러 오는 까치였다. 어미제비는 알을 품고 있는 중인데, 덩치 큰 까치 한 마리가 나뭇가지에서 둥지 쪽으로 방향을 틀고 바로 달려들 태세였다. 서로 친구인데도 후안무치한 녀석이다. 올 때마다 둥지의 알을 훔칠 기회를 노려온 게 분명했다.

상황을 보니 조마조마하다. 제비와 까치의 싸움 전초전

이다. 제비가 포악한 까치의 침입을 막아낼 수 있을까. 누가 봐도 싱거운 싸움 아닌가. 혹시나 하는 생각에 흥미까지 당긴다. 마음을 달래며 조용히 지켜보기로 했다.

"인정머리 없는 녀석, 엉뚱한 짓 마라. 돌아가지 않으면 가만두지 않겠다."

제비 부부가 짹짹 소리를 지르면서 좌우에서 시위하며 침입자에게 경고를 보낸다. '도둑은 잡지 말고, 쫓아라.'라는 말이 있듯이 제비의 1단계 전략이다. 싸우지 않고 이기면 최상이니까. 까치를 향해 날며 날카롭게 쪼아내듯 소리를 짖어댄다. 맹수처럼 야단스레 울부짖는다. 내지르는 소리에선 살기까지 느껴진다.

까치가 제비의 저돌성에 놀라 목련나무로, 감나무로, 집 담장 위로 몸을 요리조리 피한다. 제비는 동시에 공격하기도 하고 번갈아 공격도 한다. 쩔쩔매는 까치는 지붕 꼭대기로 꽁무니를 뺀다. 쏜살같이 빠른 속도로 제비들이 소리 지르며 좌우에서 지붕 위 까치에게 총공격을 감행한다. 제비의 합동작전이요, 속도전이다.

결국 까치가 두 손 들고는 숲 속으로 날아간다. 몸집도 크고, 악독하기로 소문난 까치가 줄행랑이다. 정원에 놀러 오는 까치의 체면을 생각해서인지, 아니면 승리자의 관용에서인지 제비는 더 쫓아가지 않고 둥지로 돌아서고 만다.

제비 한 쌍이 대적할 자가 없다는 그 악독한 까치를 몰아낸 것이다. 방어라기보다 총공격이었다. 혈투 바로 직전에 침입자가 줄행랑을 놓아버려 싸움은 생각과 달리 싱겁게 끝나고 말았다. 제비의 완벽한 승리였다.

아찔한 순간이었다. 그 광경에 어찌 놀라지 않으랴. 까치가 맥을 못 추다니! 제비의 넘쳐나는 그 힘은 과연 어디에서 연유한 것인가. 도둑과 주인이라는 도덕적 정당성의 차이인지, '밑져야 본전'이라는 까치와 '지면 끝장'이라는 각오를 한 제비와의 싸움이어선지, 그도 아니면 약한 힘도 둘이 합쳐지면 생겨나는 가공할 위력 때문인지. 혹여, 종족 보존의 본능이 더 큰 작용을 한 건 아닐까. 그 힘은 바로 생명체 안에서 유기적으로 생성되는 총체적 울림의 산물이리라.

제비의 모성적 본능, 부부의 하나된 힘은 대단했다. 혼신의 힘을 다 쏟아낸 것일 거다. 왜 제비를 영물이라 하는지 이제 알 것 같다. 제비도 그렇거늘 종족을 보존하고 가정을 지킴에 인간이야 오죽하랴. 진한 감동의 물결이 가슴에 일렁인다.

제비의 다산多産은 풍요를 기약한다든가. 새끼를 많이 낳아주면 좋으련만.

압록강아, 말해다오

친구의 안부전화
활짝 핀 산철쭉
딩동 벨 여인
그리도 야박했어라
감나무의 사연
압록강아, 말해다오
소리 없는 발걸음
연장전을 즐기시라
담장을 넘을까 봐
저 바다의 은물결처럼

친구의 안부전화

"선배님, 잘 계시죠? 오랜만입니다."

우리 동네에 사는 친구로부터 걸려온 전화다. 그는 아내와 해외 나들이를 하고 왔는데 내 안부를 묻고는 오늘 저녁 식사를 함께하자고 한다. 부부 동반해서 식당으로 나오라는 것이다. 전화로 들려오는 목소리가 유난히 맑고 밝다. 한데 나는 며칠 전 일이 생각나 잘못을 저지른 사람처럼 얼굴이 홍당무가 된다.

퇴직한 후, 평생 살 집을 어디에 마련하느냐가 나에게는 중요한 관심사였다. 아무래도 주변 환경이 우선이어서 지금 사는 이 동네에 주택을 마련하고 이사 온 지가 몇 년째다. 이 동네는 시 외곽 지역이라 공기도 맑고 수목원이 집 앞에 있어 산책하기에도 좋다. 나이가 들수록 동네에 벗이 있어야 하는 건 필수다. 이웃사촌처럼 취미가 같은 친구, 자기를 이해하는 친구가 한 동네에 산다는 것은 얼마나 좋은 일인가. 오늘 전화 걸어온 그 친구가 같은 이 동네에 살고 있다.

그는 같은 직장에서 삼십여 년을 함께 근무하며 동고동락한 친구인데, 직장 초년생 시절부터 절친하게 지내는 사이다. 내가 연상이어서 그는 나를 선배로 부른다. 이웃에 그가 있어 얼마나 든든하고 기쁜지.

친구네 집은 우리 집에서 불과 몇 백 미터 떨어진 거리에 있다. 그렇긴 하지만 부부 두 식구만 사는 집을 찾아가는 일은 드물다. 이찌디 한번 집에 찾아간다고 하면 집안 청소다, 가구 정리다 야단법석이니 집으로 놀러 가기가 사실 부담스럽다. 종종 전화나 이메일로 소식을 묻고 안부를 전하곤 한다. 운동을 함께 가거나 식사를 같이할 때는 전화로 미리 약속하고 밖에서 만난다. 같은 동네에 살기에 좋은 일이 한두 가지가 아니다. 모임에 참석할 때도 서로 벗해서 같이 다닌다. 전화나 메일이 있으니 불편함이 없다.

지난해 12월, 그 친구가 서울 병원에서 목 디스크 수술을 받았다. 수술 후 목에 깁스를 해서 꼼짝없이 집에서 두 달 이상이나 고생한 것이다. 그는 잘 참아내었고, 상태가 좋아져 올봄에는 깁스를 풀었다.

그동안 집으로 여러 번 찾아가고 싶었으나 꾹 참았다. 벗에게 불편을 주는 게 도리가 아니라고 생각해서다. 자기의 힘든 모습을 보이고 싶어 하지 않는 그의 마음을 잘 알기 때문에 간혹 메일이나 전화로 소식을 전하는 게 고작이었다.

친구가 깁스를 풀고 난 어느 날, 축하하기 위해 식사를 하는 자리가 마련되고서야 비로소 그를 만났다. 그의 핼쑥한 얼굴을 보니, 말은 안 해도 그동안의 고생을 알 만했다. 앞으로도 삼 개월 정도는 더 휴식을 취하며 몸을 관리해야 한다고 했다. 무척 안쓰러웠다. 식사 중에는 자연스레 건강 문제가 화제일 수밖에.

오월 어느 날, 그 친구에게 '내일 점심식사 함께하는 게 어떤가? 답장 바라네.'라는 내용의 메일을 보냈다. 다음날 아침 메일을 열어보니 답장이 없는 게 아닌가. 그는 메일을 열어보지도 않은 것이다. 기다리다 지쳐 휴대전화로 연락해 보았으나 응답이 없었다. 집 전화로 걸어도 마찬가지였다. 별일 없겠거니 생각하며 하루를 보냈다. 다음날도 연락이 전혀 안 되었다. 자기들만의 일이어서 알리기엔 좀 멋쩍은 일이 있었나. 쑥스러움이 끼어들 만큼 우리 사이에 거리감이 있는 건 아닌지 의구심까지 생겼다. 그러노라니 갑자기 불길한 생각이 나를 엄습해왔다. 병이 더 악화되어 서울 병원으로 간 것은 아닐까. 혹시 무슨 사고가 난 것을 나만 모르는 건 아닐까. 점차 초조해지면서 소식이 있기만을 기다렸다.

소식 없이 또 하루가 지났다. 이제는 친구 걱정보다 내 걱정이 앞섰다. 내겐 친구의 건강이나 안부가 더 이상 문제가 아니었다. 정말 나는 그의 가까운 벗이 맞는 걸까. 남들이 나를 어떻게 볼 것인가. 같은 동네에 살면서 친한 사이인데도 벗의 안부도 모르고 산다는 주위의 비난이 몹시 두려웠다. 안절부절못한 채 친구의 소식을 수소문하느라 한동안 애가 탔다. 하루가 여삼추如三秋였다.

며칠 후에야 그 친구의 시집간 딸로부터 소식을 들을 수 있었다. 그들 부부가 해외여행을 간 것이었다. 휴~우 하고 한숨이 나왔다. 벗의 안위를 위함이라기보다 나를 위한 안도의 한숨이었다. 그동안 친구의 건강이나 안부를 걱정한 게 아니라 오로지 내 체면만을 걱정한 거다. 내 이기심과 내면의 본성에 깜짝 놀라지 않을 수 없었다. 문득 어느 교수의 법구경 강의에서 들은 '두 스님의 이야기'가 떠올라 마음이 무거웠다.

두 스님이 산길을 걸어가고 있었다. 제자 스님이 배가 고파서 도저히 걷지 못하겠다고 스승 스님에게 호소한다. 고개를 넘자 그들 앞에 참외밭이 나타난다. 스승 스님은 제자 스님에게 저기 가서 참외를 몇 개 따오라고 지시한다. 워낙 배가 고팠던 제자 스님은 주인 모르게 밭에 숨어들어 참외를 딴다. 그 순간 스승 스님이 "도둑이야!"라고 외친다. 주인이 달려 나오자, 제자 스님은 죽어라고 뛰어 달아난다.

제자 스님과 스승 스님, 두 분은 한참 후에야 서로 만난다. 스승 스님이 물었다.

"조금 전에는 배가 고파서 한 걸음도 걷지 못하겠다고 하더니, 지금은 잘도 달리는구나. 조금 전의 네가 너이더냐, 아니면 잘도 달리는 지금의 네가 너이더냐?"

이 가르침의 말씀은 참으로 나를 두고 한 얘기 같다. 가까운 친구의 안부를 몰라 애태우며 친구의 안위를 걱정하는 내가 아니라, 어느 순간에 자기 체면만을 생각하는 내가 아니던가. 나의 내면에 존재하는 진정한 나의 모습은 무엇인가. 얼굴이 화끈거린다. 아직도 사람됨이 멀었나 보다.

저녁에 그 친구를 만난다. 부부가 함께하는 식사 자리이어서 부끄럽긴 하지만 지난 며칠간의 일을 고백할 테다. 다 털어놔야 시원할 것 같다.

내 마음을 벌써 아는 걸까. 봄비가 세차게 쏟아지고 있다. 창문을 때리는 빗소리에 속이 후련하다.

활짝 핀 산철쭉

운무가 지욱이 내려앉은 한라산이다. 초여름 아침, 영실 입구는 다른 날보다 한산하다. 평일이어서 그런가. 안개가 채 걷히지 않은 산은 적막하기까지 하다. 녹음 짙은 산속의 이름 모를 새들이 요란스런 지저귐으로 사방에서 반긴다. 안개 속의 길을 안내하는 계곡 물소리도 맑고 시원하다.

돌다리를 건너 계곡 따라 산길을 오른다. 땀이 몸에 배이고 이마에선 땀방울이 흐른다. 안개가 어깨를 감싸며 호흡을 조절해준다. 심호흡을 하자 싸한 아침 공기가 몸속으로 스며든다. 마음속의 오염도 함께 씻어주려나 보다.

가파른 경사여서 숨이 차고 힘도 부치다. 이를 악물고 나를 시험하듯 쉬지 않고 오른다. 주저앉고 싶어도, 쉬고 싶어도 그럴 수 없었던 살아온 날들을 떠올린다. 그 길은 이 등산길처럼 힘들었지만 넘어야만 하는 나의 길이었다. 생각이 이에 미치는 순간 고통이 어디론가 사라져버린다. 채우려고만 했던 마음이 비워진 느낌이다.

한참을 오르노라니 안개가 서서히 걷히기 시작한다. 눈앞에 푸른 산야가 펼쳐지며 영실계곡이 한눈에 밟힌다. 아래로는 안개구름이 바람결 따라 여유롭게 흐르고 있다. '신령들이 사는 정원'이라고도 하는 영실계곡은 기암괴석이 진수眞髓다. 계곡을 휘두른 병풍바위의 틈새마다 피어난 붉은 꽃들 또한 환상적이다. 영주십경 중에 영실기암을 첫째로 꼽는 이유를 알 것 같다.

큰 바위에는 등산객 몇몇이 앉아 쉬고 있다. 나도 짐을 풀고 구상나무 아래 바위에 걸터앉았다. 턱 밑으로 내려다보이는 영실계곡이 깊고도 깊다. 바위에 앉아 계곡을 바라보는 모두가 둘러쳐진 병풍바위처럼 묵언의 표정이다. 장엄한 풍광에 취해서일까. 아니면 계곡의 신비스러움에 빠져든 것일까.

구상나무 숲을 지나니 조릿대 군락지이자 초원지대인 선작지왓이다. 저 너머 우뚝 서 있는 백록담이 장엄하다. 안개는 온데간데없고 여름햇살이 폭포수처럼 쏟아져 내린다. 눈앞에는 활짝 핀 산철쭉이 초원을 붉게 물들이고 있다.

철쭉꽃은 회한의 눈물이라던가. 전설에 따르면, 옛날 아들 오백 명을 둔 설문대할망이 자식들에게 먹일 죽을 쑤다가 그만 가마솥에 빠져 죽었다고 한다. 그런 줄도 모르고 배고픈 자식들은 그 죽을 맛있게 먹었는데, 나중에야 솥에서 뼈를 발견하고 어미인 줄 알게 된다. 비통한 슬픔에 빠진 자식들은 시간이 지나자 영실 기암괴석인 오백장군 바위로 변하고 만다. 자식들이 회한으로 흘리는 피눈물은 떨어져 영실계곡을 핏빛으로 물들였는데 그게 철쭉꽃이라고 한다. 철쭉꽃이 조릿대와 어우러진 산야의 초원이 한 폭의 그림 같다.

산죽山竹이라고도 부르는 난쟁이 대나무인 조릿대는 군락을 이뤄 산다. 일생에 한 번 꽃을 피우며 열매를 맺은 후에는 군락 전체가 말라죽는 특징이 있지만, 이곳에서는 집단 고사현상이 아직까지 없다. 생에 한 번 피는 꽃이라서 그 꽃이 언제 어디서 필 지를 아무도 모른다.

한라산에 조릿대 군락지가 급속히 확산되고 있다. 지구의 온난화로 서식지가 오름과 초원지대에서 점차 고지대로 번져 걱정이 크다. 산에 자생하던 시로미, 한라구절초 등 여러 식물들이 멸종위기다. 이대로 가면 얼마 가지 않아서 백록담을 중심으로 광활하게 펼쳐진 눈향나무 군락까지 사라질 위험에 처하게 된다니 그 기세를 짐작할 만하다. 조릿대는 이곳의 식물군상을 파괴하는 골칫거리가 되고 있다.

한데 조릿대 군락은 순기능도 있다. 야생동물에게는 좋

은 서식처를 제공하고 강우나 강풍, 폭설 등으로 우려되는 토양유실도 막아준다. 이곳 초원에서처럼 철쭉과는 궁합도 맞는지 잘 어울린다.

등산길 조릿대와 철쭉이 불현듯 마와 쑥을 연상시킨다. 마중지봉麻中之蓬이라고 '마밭에 난 쑥은 마만큼 큰다.'란 말이 있다. 원래 쑥은 키가 한 뼘도 못 되지만 삼밭의 쑥은 마만큼 자랄 수 있다는 얘기다. 경쟁하며 쑥이 스스로 자란다고 한다.

조릿대 군락 위로 날 보란 듯이 철쭉들이 붉은 꽃을 활짝 피워냈다. 철쭉꽃과 조릿대가 어우러져 멋스럽다. 꽃을 피우기까지는 조릿대만 보이고 터줏대감인 철쭉은 잘 보이지 않았었다. 조릿대에 밀려 다 사라졌는가 하고 의심할 정도였으니까. 조릿대를 맞아 서로 경쟁을 했는지, 키가 작달막하던 철쭉이 전보다 훨씬 커진 게 아닌가. 강인한 그 생명력에 놀라지 않을 수 없다.

산철쭉의 포용과 어울림이 눈물겹다. 회한의 눈물을 안 보이려 변화를 받아들여 환경에 적응한 것이리라. 경쟁에서 살아남은 철쭉이 침입자인 조릿대와 어우러져 산야를 곱게 수놓았다. 철쭉의 쓰라린 고통과 피눈물 나는 노력이 느껴진다. 주인이 침입자를 포용하고 감싸 안은 격이라 할까. 산철쭉을 조릿대가 감히 어쩌랴. 포용하는 자 앞에는 적이 없게 마련이다. 설령 적이 있더라도 두 손 들고 말 터이다.

초여름의 등산길, 모질게 피어난 산철쭉이 눈부시게 아름답다.

딩동 벨 여인

지난 초봄에 새로 단장한 동네 숲길이 인기다. 숲길에 들어섰다. 녹음 방창하고 풀꽃 향기 풍겨나는 숲속에 아침햇살이 쏟아지니 딴 세상 같다. 싱싱하고 푸른 관목과 어우러진 길가의 장미꽃에 눈길이 머문다. 장미가 화려하게 오월을 빛내고 있다. 앙증맞은 풀꽃의 손짓에 뒤질세라 여인처럼 바람에 하늘거린다. 그 몸짓에 내 마음까지 흔들리고 있다. 얼마 전 여행의 여운이 아직 남아서일까.

고향 제주에서 직항로로 날아간 중국 여행길이었다. '신종플루' 걱정에도 불구하고 계절이 봄이어서인지, 일행은 백여 명이나 되었다. 대부분 서로 안면이 없어 홀가분하고도 자유로운 여행이었다. 사박오일 일정이 '너무 짧다'할 만큼 아쉬움이 남았다. 거둘수록 수확을 더 얻고픈 게 인간의 욕심일 터이다. 눈길을 끌었던, 함께 여행한 아름다운 어느 여인의 모습이 떠올라 벌써 추억으로 새롭다.

여행 첫날, 심양에 도착한 것은 자정이 넘어서였다. 숙소인 호텔은 엘리베이터가 두 대인데도, 사람들이 한꺼번에 몰려 아우성이었다. 한국인의 조급한 기질에다 늦은 시간이어서 서비스조차 기대에 못 미쳤다. 우리는 늦게 탔는데, 중년인 Y 여인이 맨 나중에 오르자 '딩동' 하고 도어벨(door bell)이 울렸다. 그녀는 단둥丹東에서도 또 다른 곳에서도 마찬가지였다. 기다리다 마지막에야 엘리베이터를 탔고, 그녀가 타면 벨이 울리는 것이었다.

"그녀가 타면 '딩동' 벨이 울린다."

여행하는 일행 사이에 '딩동' 벨 소문이 꽃향기처럼 퍼져 나갔다. 그녀는 품위 있고 멋스러운데다 말수조차 적고 겸손한 여인이었다. 식사 후 차를 주문할 때도 조용히 앉아 있다 맨 뒤에 주문했다. 버스를 타고 내릴 때도 나중이었다. 자연스레 '딩동 벨' 여인에게 이목이 집중되었다. 그녀의 몸에 배인 양보와 겸손이 모두의 마음에 출렁출렁 감동의 물결을 일으켰다.

뛰어난 미모에 겸양지덕은 금상첨화가 아닌가. Y 여인은 아름다웠다. 마치 눈길을 붙잡는 장미꽃 같았다고 할까. 아니 중년여인에게서 풍기는 훈훈함이 있어 꽃보다 더 아름답고 향기로웠다. 가까이 다가가고픈 느낌이었다.

가볍게 들고 간 마음의 가방에 소중한 여행선물을 담고 온 셈이다. 배움에 끝이 없듯이 인생 자체가 배움과 여행의 연속이라고 그랬지. Y 여인이 보내는 신호일까. '딩~동!' 하고 울리는 벨소리가 마음속 깊은 곳에서 은은히 펴져나간다.

녹음 짙은 숲길에 싱그러운 오월의 향기 가득하다.

그리도 야박했어라

문득문득 생각나는 일이 있다. 한데 그리도 생각나니 야속스럽다. 좋은 일도 잊게 마련이건만, 어찌 섭섭하고 힘들었던 일은 쉽게 지워지지 않는 것인가. 마음의 행로에 아득했던 그 사연이 가을과 함께 굽이굽이 흐르고 있다.

가을은 성숙의 계절이다. 깊어가는 가을에 상념이 깊어지면 혼자가 된다. 혼자라는 것을 깨닫는 건 여유이고 성숙일까. 싸늘한 바람에 단풍이 고운 빛깔로 물들어 가면, 창밖보다는 따뜻한 안방 아랫목을 찾게 마련이다. 혼자만의 시간, 나만의 공간에서 소리 없이 찾아온 고독을 만나게 된다. 지난날 나는 무엇을 어떻게 하고 있었던가. 세월 속에 묻힌 오랜 상념이 구름처럼 몰려든다.

삼십여 년 전 가을, 처음이라 두려운 마음으로 시작한 장사는 시운이 맞았는지 생각보다 눈코 뜰 사이도 없이 바빴다. 식품 대리점이었는데 소매점에 배달 판매하는 일이었다. 땀 흘린 보람이었을까. 소매점에서 신뢰가 쌓이면서 인정을 받기 시작했다. 종업원과 주인이 호흡이 척척 맞아 재미도 그만이었다.

"사업을 좀 더 확장하는 게 어떠세요? 장사도 잘되는 편이고요."

어느 날, 운송과 판매를 맡아 하는 박 기사가 넌지시 내게 제안을 하는 것이었다. 장사가 잘되는 건 순전히 박 기사 덕분이었다. 고향이 전주라고 하였는데 나보다 다섯 살 아래 총각이었다. 신용이 좋고 경험이 있어서인지 나이에 비해 장사수완이 놀라우리만치 뛰어났다. 고객의 이름을 다 외울 뿐만 아니라 거래 점포의 물량 재고도 귀신같이 예측했다. 재고관리와 자금회전이 빨라 장사가 수월했다.

그는 주인처럼 열심이었다. 장사 시작 때부터 함께 일한 믿을 만한 친구라 모든 걸 의논하고 서로 신뢰했다. 장사하려면 '주인이 관리를 잘해야 한다.'며 그가 권하는 바람에 나도 운전까지 배웠다. 그는 정직하고 성실하여 본받을 만한 젊은이였다. 친구처럼 형제처럼 대하는 그의 말이라면 뭐든지 믿고 들어왔던 것이다.

하지만 이 제안에는 단호히 거절했다. 아직은 아니었다. 조그만 대리점을 하면서 사장 소리 듣기도 쑥스러운데다가, 서른 살 새파란 나이에 직장을 그만두자마자 남이 하던 대리점을 인수한 지 2년이 겨우 지났을 뿐이었다. 무엇보다도 말 못할 자금 사정이 긴장감을 붙들고 있었다.

영세규모의 장사인데도 그 밑천이 모자라 걱정이었다. 사업에서 자금은 기본이 아닌가. 돈줄이 가끔 막혀 답답했지만 종업원들은 눈치를 못 채는 것 같았다.

얼마 전 급하다며 돈을 빌려간 친구조차 감감무소식이었다. 동창친구가 어느 날 갑자기 찾아와 곧 돌려줄 테니 한 번만 도와달라는데 모른 체 할 수 없었다. 몇 년 동안 눈물나게 모아 불입해 온 적금을 중도 해약해 빌려주었는데 그 후 소식이 끊이지고 만 것이다. 친구를 잘못 본 것이었을까. '미안하다'는 한마디 말도 없다는 게 더 야속했다. 차라리 차갑게 거절했더라면 친구 하나는 잃지 않았을 터인데.

다니던 직장에서 융자라도 받아보려고 찾아갔으나 거절당했다. 내 신용이 모자라다는 걸 그제야 알았다. 당연한 거절이었을 테지만 내겐 세상이 노랗고 기가 막힐 노릇이었다. 입술을 깨물며 눈물을 참았다. 직장도 잃고 친구에게도 이용당한 이 처절함을 누구도 알아줄 리 없었다. 잊으려고, 세월이 약이라며 스스로를 달랬다.

그 와중에 예기치 않은 차량사고가 났다. 내리막길을 달리다 앞에 가던 큰 트럭이 급정거하자 뒤에서 들이받아 난 사고였다. 과속과 안전거리 미확보는 늘 문제다. 운전하던 나는 팔에 금이 가고 머리를 다쳤지만 천만다행으로 옆 좌석에 앉은 박 기사는 탈이 없었다. 주변에선 차가 그리 박살났는데도 살아난 게 기적이라며 나를 위로했다. 다행히 사고 후에도 장사는 그가 맡아 흔들림이 없었고, 나는 깁스하고 몇 개월이 지나 완치되었다. 오직 그에게 고마운 마음뿐이었다.

그런데 깁스를 풀어 좋아하던 날, 박 기사가 고향에 가서 장사를 해보겠다며 떠난다는 것이 아닌가. 주인이 운전을 배우고, 사고 나던 그날도 직접 차를 몰게 한 것이 자기 잘못이라며 미안해 하였다. 제 딴에는 책임을 진다는 것이었으리라. 핑계일 터이지만 집안사정도 있어서라 했다. 뜻밖의 황당한 일이어서 사정하다시피 말렸지만 헛수고였다. 전혀 준비 안 된 채로 그와 갑작스런 작별을 해야 했다.

장사는 그 후에도 제법 잘되어 동네 소문이 날 정도였다. 그 일이 있은 지 삼 년 후에는 내 집도 마련하게 되었다. 그가 깔아준 밑천 덕분이었지 싶다. 그것은 돈이 아니라 신용이었다.

얼마가 지난 후 연락이 두절된 그를 찾으려 해도 찾을 길이 없었다. 삼십여 년 전의 일이요, 교통이나 통신도 오늘 같지 않은 시절이었으니 말이다. 아마 지금쯤은 그가 꿈꾸던 사업에서 성공을 거두었으리라.

그때는 인간의 인연과 믿음이 그토록 소중하고 아름다운

줄 몰랐었다. 더구나 나의 옹졸함도 깨닫지 못했다. 힘들었던 그 시절의 내 잘못이 큰 응어리가 되어 가을이면 마음이 아려온다. 너무나 서운하게 고향으로 그를 보냈으니 그러하다. 2년 남짓 함께 일한 그를 빈손으로 이별한 것이었다. 퇴직금은 못 줘도 여비는 줘야 했었는데, 정말 왜 그랬을까.

이제 생각하니 참 부끄럽다. 나의 사람됨이 부족함이요, 속이 너무 좁고 야박했던 거다. 아무리 어려워도 어찌 그렇게 마음이 여유가 없고 인색했던가. 그의 마음에 얼마나 큰 섭섭함의 상처를 남기었으랴. 지금도 몸 둘 바를 모르겠다.

나뭇잎 스치는 바람소리가 가슴에 사무친다. 오래전의 과오가 물결처럼 나를 덮친다. 인생길을 바삐 달려오느라 미처 못 본 내 삶의 편린들이 눈물겹다. 바깥을 떠돌던 내 본성이 이 가을에 나의 영혼 속으로 돌아와 나를 깨우는지도 모를 일이다. 은총의 시간이 아닌가.

심연深淵에서 따스한 물이 용솟음치듯 그리움이 솟구친다. 힘들어 할 때 손길 내밀어준 바로 그 사람. 소중하고 아름다운 믿음을 선물한 사람이었지. 아직도 멍에를 벗지 못한 내 삶이 죄스럽다. 외롭게 깊어가는 가을의 소리, 이제 들린다.

감나무의 사연

보고 싶은 여인을 오랜만에 만났다. 갈옷으로 차려 입고 있었다. 그리움에 사무친 네 마음을 읽었노라 하며 미소 띤 얼굴로 반가운 표정을 짓는 게 아닌가. 어머니였다. 밤중에 자다 말고, 어머니가 나타났다 사라진 꿈 얘기에 아내가 웃었다.

산들바람이 부는 초여름 맑은 날씨다. 비가 올까 걱정이었는데 다행이다. 아들과 함께 어머니 산소에 성묘하기로 약속한 날이다. 간밤 꿈 생각에 오늘따라 그리움이 더하다.

고향으로 성묘 가는 길은 차로 한 시간 남짓한 거리다. 아침 이른 시간인데도 생각보다 많은 차들이 길을 달리고 있다. 휴일이어서 고향을 찾는 사람들이 많은가 보다. 고향 마을이 가까워 오자 아들은 차를 몰며 콧노래를 흥얼거린다. 아들이랑 성묘를 갈 수 있다는 것이 나를 기쁘게 한다. 올가을엔 손녀까지 온 가족이 다 함께 성묘할 생각에 벌써부터 뿌듯함으로 설렌다.

묘소를 찾는 날이면 죄스러움으로 회한에 젖어든다. 돌아가신 지 이제 사십 년이 가까워온다. 강산이 바뀔 만큼 세월이 흘렀어도, 어머니의 모습은 마음에서 잊히거나 지워지지 않는다. 그리움이 오히려 깊어지는 것 같다.

"내 뼈를 그곳에 묻어다오."

어머니의 생전의 뜻에 따라 그곳에 안장하였다. 고향마을이 가까이 내려다보이는 그곳은 시집와서 돌아가시기 전까지 당신이 관리하던 조상 대대로 내려온 임야다. 게다가 집안을 지키며 살아온 삶의 터전이기도 하다. 특별한 날을 기리려고 찾아갈 때마다 마음이 숙연해지고 평온함을 주는 곳이다.

동네 궂은일 좋은 일을 어머니는 전혀 가리지 않았었다. 이웃과도 인심을 쌓고 아픔을 함께 나누며 살았다. 여름엔 갈옷을 벗는 날이 없었다. 질기고 땀이 배이지 않아 시원하기에 풋감 즙으로 물들인 갈옷을 노동복으로 즐겨 입었다. 그 힘들고 외로운 삶은 갈옷을 보면 헤아릴 수 있을 정도였다.

어느 여름 장마철, 어머니는 한 많은 이 세상을 떠나셨다. 하늘에 구멍이라도 뚫린 듯 비만 쏟아졌다. 당시 학생이었던 내게는 당신의 죽음을 받아들일 마음의 준비가 전혀 없었다. 오직 눈물만 흘렸다. 살아있는 동안 한 번도 마음 편하게 해드리지 못한 잘못, 먹을 것이나 입을 것도 한 번 못해드린 아쉬움에 지금도 생각하면 가슴이 찢어질 듯 아파온다.

조상 대대로 내려온 그 임야 공터 한쪽에 어머니 묘가 있다. 돌아가신 지 이십여 년 지난 후에야 묘비를 세웠는데, 그날도 비문을 읽으며 소리 없이 울었다.

"가난 속에서도 가정을 지키며 오로지 사랑으로 자녀교육에 생을 바치신, 어머님의 후덕한 인품을 흠모하오며 삼가 저희들의 귀감으로 삼고자 합니다."

묘비를 세운 그 후, 예전보다 관리에 좀 더 정성을 쏟았다. 산소 옆 공터는 성묘 온 자손들이 쉬어가는 곳. 어머니가 그리울 때면 나 홀로 찾기도 한다.

어느 날, 우연히 그곳에서 어린 감나무 한 그루가 눈에 띄었다. 몇 년생인지 모르나 재래종 감나무가 거기서 자라고 있다니 신기한 일이었다. 누가 이곳에 와서 감을 먹고 씨를 버린 것일까, 아니면 새들이 씨를 물어다 놓은 것일까. 그렇지 않아도 여기에 무슨 나무를 심을까 하고 생각 중이었기에 그 기쁨은 컸다.

보이지 않는 어느 분이 갈옷을 즐겨 입던 어머니께 보내준 선물 같아서 나는 그 나무를 애지중지 키웠다. 처음엔

야산이라 누군가가 나무를 꺾어버리거나 뽑아 가버릴까 봐 걱정이 태산이었다. 우선 '사랑의 나무'라는 명찰을 나뭇가지에 매달아 놓았다. 주인 이름도 새기고 말이다. 이제는 자손들도 관심이 대단하다. 나무는 주인의 정성을 알아보는지 해마다 무럭무럭 자랐다. 몇 년 전부터 토종감이 달리기 시작했다. 감나무는 오월에 꽃이 피고 한 달쯤 지나면 열매를 맺는다. 잎이 무성한 감나무가 여름이면 멋진 정원수처럼 아담하고 아름답다.

오늘 보니 감나무에 꽃은 졌지만 나뭇잎이 짙푸르다. 아들과 함께 성묘하는 나를 반기며 얘기하는 듯하다. 전에 왔을 때보다 많이 자랐다. 초여름 대지의 무성한 기운을 호흡하여서인지 더 싱싱해 보인다.

나무 가까이 다가서니 닥지닥지 달린 작은 감들이 눈길을 당긴다. 엄마의 오뚝한 젖꼭지마냥 앙증맞게 달려 있다. 꽃 진 자리마다 가지 한 끝을 붙잡고 엄마 젖을 빠는 아가처럼 수액을 빨아들이고 있을 듯하다. 아기에게 젖을 물린 여인의 행복한 미소가 떠오른다.

아들이 기뻐서 환호한다. 지난해보다 열매가 갑절은 됨직하다. 한두 달이 지나면 조랑조랑 달린 감이 좋은 볼거리가 될 것이다. 정성을 받아주고 몇 배로 갚아주는 나무다. 하기에 인간은 더하리라. 어머니가 생전에 베푼 덕으로 받는 푸짐한 선물 같다. 선대가 쌓은 공덕은 후세로 이어지는 것인가.

재래종 감이 근래에 들어와서 수요가 많아졌다. 팔월이면 익기도 전에 갈옷에 필요한 풋감으로 따간다. 갈옷이 제주의 민속복식으로 알려져 요즘 매우 인기가 높아서다. 갈옷은 저고리나 바지 등의 옷을 풋감 즙으로 주무른 후 햇볕에 말리고, 물로 축여주면서 발색시킨 옷이다. 예전에는 주로 농업이나 어업, 목축업에 종사하는 서민층이 작업복이나 일상복으로 입었었다. 최근엔 고급 패션복의 재료로 사용되고 있다. 갈옷패션이 유행이다.

해마다 나보란 듯 달리는 감은 가을도 되기 전에 몇 개만 남긴 채 없어진다. 지난해에도 제법 많이 달린 감을 누군가 몽땅 따갔다. 갈옷 물들이는 데 사용했을 게다. 가난해도 나눠주던 어머니의 후한 인심이 생각난다. 금년에도 두둑하게 인심을 쓸 게 분명하다. 꼭 필요한 사람들에게 나눠줄 테지만.

세월이 흘러도 이 감나무엔 감이 주렁주렁 달리리라. 아마 올해도 까치밥으로 남겨진 감은 가을과 함께 노랗게 익어갈 것이다. 감나무에 얽힌 사연처럼.

압록강아, 말해다오

오월 어느 날이었다. 단동에 도착하자마자 마음은 벌써 강변으로 달음질쳐 가고 있었다. 그리도 보고 싶었던 압록강이어서 마음이 총총했다. 우리 민족의 오천 년의 역사를 품에 안으며 그 뒤안길로 흘러 보냈을 사연이 얼마였을까. 상상만으로도 가슴이 벅차오른다. 압록강 물줄기 따라 찾아가는 오늘의 여행코스는 이번 여행의 하이라이트요, 백미白眉라니 기대가 가득하다.

"저를 한국교포라 불러주세요. 중국인들은 우릴 조선족이라 부르지만요."

차중에서 웃음 섞인 젊은 안내원의 주문이 감동을 준다. 그는 조선족으로 할아버지 때부터 3대째 이곳 단동에 사는 총각이다. 대학에서 공학을 전공했으나 돈을 벌려고 관광

안내를 하면서도 같은 한민족임을 자랑하는 그 자부심이 놀랍다.

단동시의 남쪽 압록강변에 다다랐다. 아침 는개는 간 곳 없이 사라져 맑은 봄날이다. 평원을 휩쓸어가듯 강 물결이 도도하다. 민족의 영산 백두산에서 발원하여 먼 길 따라 황해로 흘러내리는 강은 드넓은 가슴으로 모두를 끌어안고 있다.

한반도와 만주벌을 사이에 두고, 중국과 북한의 국경을 흐르는 압록강은 길이가 구백여 km나 되는 거대한 강이다. 단동과 신의주의 사이를 흘러 두 국경도시의 경계선이기도 하다. 중조우의교中朝友誼橋라 불리는 길이가 구백 미터가 훨씬 넘는 압록강 철교가 두 도시를 연결하고 있다. 그 옆에 한국전쟁의 흔적을 간직하고 있는 끊어진 다리 압록강 단교도 보인다. 미군 폭격으로 일부 교각만 덩그러니 남아 있는 다리를 중국은 관광지와 이념 교육장으로 활용하고 있다. 선착장이 있는 강변은 관광객들로 북새통이다. 남의 땅에서 압록강을 봐야 하는 현실이 안타깝다.

유람선을 서둘러 탔다. 갑판 위로 오르니 시야로 몰려드는 강변 풍광이 너무나 아름답다. 강 물빛이 오리의 머리 색깔처럼 푸르다고 해서 압록강이라고 불렀다고 했던가. 억겁의 세월을 흘러온 강에는 온갖 생명체가 살고 있으련만, 맑고 파란 하늘 아래에서도 강폭이 넓고 물속이 깊어

짐작조차 할 수 없다.

강 한가운데로 나아가자 모두의 시선은 강 건너 북한지역으로 쏠린다. 유람선이 안전상의 이유인지 그쪽으로 가까이 접근하지 않고 있다. 하지만 망원경을 사용하지 않아도 멀지않은 강 건너가 눈에 환하다. 화물선에서 석탄 작업하는 인부들, 밀가루를 차량에 싣는 노동자들 너머로 앳된 모습의 국경수비대들과 일하는 부녀자들이 눈길을 끈다. 동족이라서인지 멀리서 보기만 해도 왠지 반갑다. '신분이 좋은 사람이라야 이 강변에 산다.'고 하니 탈북문제가 무척 심각한가 보다.

중국은 압록강을 끼고 있는 단둥시를 공업과 관광, 무역의 항구도시로 집중개발하고 있다. 덩샤오핑의 흑묘백묘론이 여기서도 빛을 발하고 있는가. 우뚝 솟은 단둥의 빌딩숲에 비하면 북한 쪽은 대조적이다. 연기 나는 굴뚝이 눈에 띄지 않는다. 강 건너 풍경이 수십 년 전 우리 모습을 보는 것 같아 마음이 초라하다. 하얀 물살을 가르는 유람선이 시원한 강바람으로 답답함을 달래줄 뿐이었다.

기다리던 버스는 강변로를 달리고 있다. 차안에서 누군가의 감격스런 목소리다.

"야아! 저기 저 섬을 봐요!"

창밖으로 강에 떠 있는 듯한 섬 하나가 눈에 들어온다. 위화도다. 고려 말기에 요동을 정벌하러 군사를 이끌고 여기까지 온 이성계가 회군한 사건, 즉 '위화도회군'의 그 섬이 아닌가. 이역만리에서 역사의 현장을 바라보는 감회가 이상야릇하다.

당시 원나라가 강점하여 '쌍성총관부'를 설치했던 철령 땅에 명나라가 철령위를 설치하여 직속령으로 삼겠다고 통고하여 왔다. 이에 분개한 최영이 요동정벌을 단행해 명나라가 차지한 요동지방까지 회복하려 군사를 일으켰다. 그러나 처음부터 이를 반대하던 이성계가 이 섬에서 군사를 개경으로 돌려 최영 등을 제거하고 정치적 실권을 장악한 사건이 위화도회군이다. 고려왕조의 역사를 조선으로 바꾸어 놓는 계기가 된 사건이었다. 저 강은 그 사연을 속속들이 알고 있으리라.

달리는 차창 너머로 만주벌의 산야가 연초록이다. 이곳에서는 옥수수와 쌀이 주산물이라고 하는데 울창한 푸른 숲을 보기는 힘들다. 대륙의 기후 탓만은 아닌가 싶다. 도로에는 차량이 드물어 예상보다 일찍 호산장성에 도착했다.

호랑이 형상을 닮은 호산장성의 오르막길은 가파르다. 숨 가쁘게 꼭대기에 오르니 내려다보이는 풍경이 그림 같다. 살랑대는 바람은 땀을 식혀주고 신의주의 드넓은 들판과 압록강 물줄기가 한눈에 시원하다. 애써 올라온 보람이 느껴진다.

이 성은 고구려 연개소문이 쌓았다는 천리장성 중의 하나인 박작성이다. 중국은 1990년 이 성을 복원하면서 그동안 만리장성의 동쪽 끝이 산해관이라는 주장을 뒤집고, 이곳 호산장성이라는 새로운 억지 주장을 내놓았다. 복원공사를 하며 북한 방향인 왼쪽 성벽을 중국 쪽인 오른쪽 성벽보다 더 높게 쌓았다. 고구려의 옛 성을 그대로 재현하려 했다면 높은 성벽의 위치는 그 반대라야 맞다. 역사를 왜곡한 현장이다. 그들의 '동북공정東北工程' 주장에 전율하지 않을 수 없다.

호산장성에서 십 분쯤 걸어 북한과 압록강 지류 하나를 사이에 두고 있는 '일보과 마을'에 도착했다. 일보과一步跨, 즉 '한걸음에 넘을 수 있다.'는 뜻의 이름처럼 엎드리면 코 닿을 듯 가장 가까운 접경지역이다. 저녁 해는 뉘엿뉘엿 기우는데, 너무도 평온하여 국경지대라는 긴장감을 느낄 수 없다. 이곳에는 새와 들짐승, 개와 닭, 가축들도 자유롭게 국경을 왕래하고 있다. 철책도 경계도 안 보인다. '그건 인간이 만들었을 뿐, 태초에 경계는 없었다.'라는 말이 문득 뇌리를 스치면서 우리의 휴전선이 떠올라 가슴이 아파온다.

한걸음에 저 땅을 밟고 싶어도, 분단 오십여 년이라는 세월이 우리의 의식을 지배하고 있다. 마음이 무겁다. 눈앞에 두고도 동족 간에 말 한마디 못 나누는 현실이라니! 타향에서는 고향사람만 만나도 반갑고, 외국에선 보기만 해도 껴안고 싶어지는 게 동족이다. 중국에 와서야 저 강을 바라볼 수 있음에랴. 슬픈 일이다.

압록강아, 말해다오. 그날이 언제이련가. 서로 얼싸안고 춤출 그날은.

소리 없는 발걸음

그 시절을 떠올리면 미소가 지어진다. 그때가 한 폭의 그림처럼 펼쳐지면서 마냥 행복해 하는 철부지인 내가 풍경 속에 보인다. 유년시절이 문득문득 그리워지는 것은 나이가 든 탓일까.

그때는 그랬다. 삶이 어려운 시절이어서 하루 세끼만 먹을 수 있어도 감사했다. 끼니를 때우는 일이 시급한 시절이었다. 시골에서는 웬만한 집안이 아니면 이른 아침부터 저녁 늦게까지 일에 매달렸다. 쉬는 날이라고 해봐야 명절과 집안 기일제사 때 정도였다. 그래도 인정이 넘치고 동네는 평화로웠다.

옛 조상님을 섬기는 일은 그 시절엔 '큰일'이었다. 추석이나 설, 경조사 등 큰일 때면 떡을 하고 과일이나 술과 고기를 마련하여 조상의 음덕을 기리고 동네에 나눠먹었다. 애들이 군침을 흘리며 손꼽아 기다리는 날. 맛있는 음식을 먹고 세상을 다 얻은 것처럼 행복해 하던 모습이 떠오른다. 아이들 세상이었다.

동네에서는 우리 집을 면장 댁이라 불렀다. 아버지가 해방 후 면장을 지냈기에 어른들이 붙여준 이름이었지 싶다. 면장 아들이라고 애들이 나를 부러워하는 것 같아 그저 좋기만 했다. 어깨를 으쓱거렸던가. 지금 생각하니 부끄럽다.

아버지는 손이 귀한 집안의 독자였다. 가난한 형편에도 조부님은 하나뿐인 아들 교육에 열성이었다. 어려서 한학을 배우던 아버지는 '호랑이를 잡으려면 호랑이굴에 들어가야 한다.'는 스승의 뜻을 따라 일제 강점기에 신학문을 익혔다. 젊은 시절엔 떠돌이처럼 타향살이를 하며 공직생활을 하다가 해방을 맞은 후에야 고향에 돌아왔다. 오자마자 이장을 맡아 일처리하는 걸 보고서, '뛰어난 그의 능력이 아깝다.'며 고향사람들의 천거로 다시 공무원이 되어 면장까지 지내게 됐던 것이다.

당시 가정은 별문제가 아니었나. 그 시절 교통이 문제였을까. 아니면 자손 번창만을 생각하는 조부님이 눈감아 주셨기 때문이었을까. 어머니는 늙은 시아버지를 모시며 고향집을 지키고, 공직생활을 하는 아버지는 면소재지 가까운 마을에 작은집을 차려 두 살림을 살았다. 아들 삼형제

중에 나는 늦둥이 막내로 태어났다. 그때가 4·3사건이 일어난 1948년 무자년 가을이었다. 내가 태어나자 '경사 났다'며, 명절이나 기일제사 때에 삼헌三獻을 갖추게 되었다고 친족들이 더 좋아했다 한다.

아버지는 주로 '큰일' 때면 고향 집을 찾아오곤 했다. 어머니는 그 발걸음 소리를 듣지 않아도 어디쯤에 왔으리라 짐작할 정도였다. 늘 소리 없이 다녀가셨다.

"섣달 그믐밤에 일찍 자면 눈썹이 하얘진다."

그때는 어른들 말이 진짜인 줄 알았다. 세월이 흐르지 않게 밤새 붙잡아 두라는 뜻이었을까. 설날을 맞으려 설레는 자식들을 화롯가에 모아 놓고, 조상들의 얘기로 그 밤을 뜬눈으로 지새우던 아버지셨다. 그 모습이 지금도 눈에 선하다.

내가 초등학교 육학년 때이다. 눈이 깊게 내린 겨울밤에 아버지는 영원히 눈감으셨다. 벌써 세월이 오십여 년이나 흐른 셈이다. 지금도 고향마을에선 드물게 보는 '공인公人다운 공인이었다.'고 하는데, 어릴 적 내 기억 속에는 엄한 아버지로만 각인되어 있을 뿐이다. 나는 부정父情도 잘 느끼지 못했던 코흘리개였으니.

그 후 세상이 많이 달려졌다. 관광객이 제주로 엄청 몰려들고 있다. 생활양식도 바뀌고 삶의 질도 변했다. 민주화 시대가 열린 요즘, 제주의 역사도 재조명되면서 세계적인 각광을 받는 곳으로 변하고 있다. 제주가 화해와 상생, 평화의 섬으로.

고향에서는 최근 설촌設村 이래의 역사를 정리 기록한 마을지가 발간되었다. 더구나 특별법이 제정되어 제주 4·3사건에 대한 역사도 새로이 밝혀지는 것이 많다. 그때 그 시절 식자층이라고 불리는 이 고장 유학자들의 사료도 발견되어, 당시의 생활상을 가늠케 하고 있다. 선친의 행적을 그 속에서 발견할 때면 놀람과 반가움에 얼떨떨해진다. 더욱이 아버지가 손수 지은 〈소개령〉이라는 한시漢詩를 접하니, 어리둥절한 주민들이 당혹스러워하는 그 현장을 눈앞에서 보는 듯하다.

疏開令落近山村 소개령이 인근의 산촌마을에 떨어지니
驚動閭閻相不言 온 동네 깜짝 놀라 서로 말도 못하네
怯海畏山何處去 바닷가도 겁이 나고 산으로도 두려워
負携佇立日黃昏 업고잡고 우두커니 해는 벌써 저무는데

소개령은 4·3사건 당시 산촌의 민가를 전부 불사르려 주민을 이주토록 내린 명령이었다. 주민들은 바닷가 마을로 가기도 겁나고 산으로 피신하기도 두려웠다. 어린 자식들을 등에 업고 손에도 잡고 우두커니 섰는데, 날은 저물어가니 어찌할 거나.

"가기는 어디 가? 마을에 남아 조상 땅 지켜야지!"

고향마을이 당시 소실燒失을 면하게 된 데는 이장을 지내셨던 아버지의 공이 컸다고 한다. 인근 마을에 소개령이 내려져 산과 바다 어느 쪽을 택해야 할지 몰라 갈팡질팡할 때, 우리 마을에서는 주민을 설득해 남아 지키도록 했단다. 모두가 똘똘 뭉쳐 마을을 떠나지 않아 소탕을 피할 수 있었나 보다. 면 관내 4·3의 피해복구와 재건에도 애썼다고 한다.

이념갈등으로 어수선한 시절, 4·3사건으로 인하여 저질러진 인간에 대한 비이성적인 일들이 얼마였을까. 민초民草들은 때로는 비분강개하고 때로는 서글퍼 울었을 것이다. 이리저리 고통으로 시달린 건 힘없는 주민들이었다. 이런 비참한 일이 앞으로 이 땅에 결코 없어야 하리.

아버지를 지금에야 이해할 수 있을 것 같다. 나는 홀로이 다시피 살아온 어머니만을 생각하며 가슴 아파했을 뿐이었다. 어려운 시절을 살다 가신 아버지. 공인으로서 그 삶의 힘듦과 외로움이 어떠하였을까. 등에 짊어진 짐이 얼마나 무거웠으랴. 저 세상에서 평안히 영면하시는지, 이제 그 발걸음 소리 들리지 않는다.

연장전을 즐기시라

누구나 인연을 맺으면서 세상을 살아간다. 필연이든 우연이든, 인연의 굴레를 벗어나기는 쉽지 않다. 태어남의 연분이 자신의 뜻과 무관하게 맺어진 것이라면, 살아가면서 쌓는 인간관계는 거의 선택으로 이뤄진다. 혈연이나 지연이 있는가 하면, 학연이나 직장의 연緣도 있다. 어느 하나 가벼이 버릴 수 없는, 뱃길에 등댓불처럼 귀하디귀한 빛들이다. 그 빛이 비추는 반경을 어찌 다 어림할 수 있겠는가.

직장은 내게 주어진 삶의 집이요, 인생의 길이라 생각하며 살아왔다. 직장인이자 지역사회의 공인으로서 걷는 그 길이 평탄하기만 했겠는가. 뒤돌아보면 꿈만 같다. 유혹도 여러 번 넘겼고 운명을 한탄하며 눈물을 흘린 적도 한두 번이 아니었다. 어지럽기 그지없던 1970년대 유신시절, 백

지사표를 강요당한 건 또 몇 번이었나. '마음이 아프다.'고 소리치고 싶었던 순간들을 어이 다 헤아릴 수 있으랴. 무탈하게 직장을 마칠 수 있을까 걱정했었다. 외길만을 고집하는 나의 우직함은 한때 놀림감이기도 하였으니.

삼십여 년의 직장생활을 마감하자 반겨 맞아준 곳이 퇴직동인회다. 회원 연령층이 다양한데도 한 가솔처럼 살가운 분위기다. 직장의 인연은 직장에서 끝나는 게 아니었다. 선후배와의 회동이 참 재미있다. 모두가 다정한 친구들 같다. 술잔 나누노라면 회원들의 민낯이 그대로 드러난다. 인생을 논할 땐 파릇한 젊은이 같다. 기쁨이 솟구치고 꿈이 돋아난다.

며칠 전 모임에서 H 선배의 건배사에 술이 엄청 취했었다. 그 분위기에 취한 듯 이제껏 흐뭇하다. 참 흥겹고 뜻있는 시간이었다.

건배사를 부탁받은 그 선배는 연령이 팔순이나 된다. 나이답지 않게 정정하고, 후배를 정겹게 대해주는 마음 따스한 분이다. 술잔 들고 뜸을 들인 후 느릿느릿 운을 띄웠다.

"여성분들에겐 미안한 얘기지만 건배사와 여자 치마는 '짧을수록 좋다'던데, 운동경기는 '연장전에 갈수록 조마조마하고 재밌다'고 하대요. 여러분, 그렇지요?"

와~아, 웃음꽃 속에 복잡한 시선이 쏟아졌다. 요즘 인기 있는 경기가 축구라는 것이다. 인생을 축구경기로 본다면,

나름으로는 오십대까지는 전반전이요 후반전은 칠십대까지라 했다. 그런데 재미있는 경기는 승부를 가름하는 연장전이지 않은가. 인생도 팔십대의 연장전에서 승부가 난다는 거였다. 황혼 길에서 신바람 나는 경기를 연장전까지 펼쳐 아름답게 생을 마무리하는 게 소망이라 했다.

"슛, 골인!"

연장전에 들어선 그 선배의 건배구호도 멋졌다. 술잔에 웃음과 희망을 담고 '슛!' 하고 선창하자, 회원들이 다 함께 '골인!' 했다. "연장전을 즐기시라. 건강하고 행복하시라." 하면서 건배사를 마쳤다. 우레와 같은 박수 소리가 좌중을 휘돌았다.

선배는 당당하고 의연했다. 매사에 도저到底한 그분의 한마디가 공감을 불러 모았다. 훈훈한 마음을 한잔 술에 담아 삶의 자세를 건배사로 넌짓 전달코자 함이렷다. 술잔에 정이 넘쳐흐르고 그윽한 향기가 풍겨났다. 삶의 길을 걸어오는 동안 이뤄낸 일들을 생각하면서 흥겨워하고 있는 그분. 성취된 것이 혹여 기대에 못 미쳤다고 하더라도 최선을 다했음에 만족하고, 연장전을 준비하고 즐기라는 조언이었다.

선수가 되어 연장전까지 뛰려면 어찌해야 할까. 사전준비가 중요하리라. 기초체력은 물론 충분한 자질도 갖춰야 할 터. 재미있는 경기를 펼쳐 관중을 신나게 하는 것 또한 선수의 책무가 아니던가. 팀 구성원과 호흡도 맞춰야 하고, 열정을 갖고 스스로 게임을 즐길 줄 알아야 선수생활을 오래 지탱할 수 있지 싶다.

무엇보다 관건은 선택과 집중일 것이다. 아무나 모든 경기의 선수가 될 수는 없는 일. 경기를 관전하며 노는 관중도 있어야 하리. 선수냐, 관중이냐다.

직장을 퇴직하면 여유로운 시간을 보내리라 꿈꿨던 내가 아니던가. 한데 바쁘게 살아가고 있는 느낌이다. '왜 그리 바쁘냐?'고 물으면 별로 내세울 것이 없다. 모임에 시간 뺏기기 일쑤다. 어쩌면 관전하며 함께 놀 수 있는 게 모임인지 모르겠다. 동창모임이나 취미클럽, 고향모임에다 퇴직동인모임 등 적지 않다. 어느 하나도 떨쳐버리지 못한 채 지내고 있다. 하나에 집중 못하는 나는 관중이 적격일까. 즐기는 데야 관중도 선수 못지않게 마련. '고독한 것보다 훨씬 낫다.'면서 부러워하는 친구도 더러 있다.

왠지 요즈음 동인회에 마음이 더 끌린다. 참석만으로도 젊어지는 기분이다. 얘기를 나누노라면 옛 추억에 빠져 눈물을 쏟기도 한다. 험난하고도 보람찬 고갯길을 손잡고 넘어온 회원들이잖은가. 동지애가 깔려서인지, 분위기 좋다고 소문이 자자하다.

나이는 숫자에 불과하다 그랬다. 연장전을 즐기시라! 그날의 건배사가 미상불 마음에 스민다. 인간은 무릇 인연 따라 잠깐 머물다 가는 존재라 했지. 흐르는 세월을 붙잡고, 여럿이 어울려 여생을 즐길 수 있다면 오죽 좋을까. 꿈과 희망이 넘치는 젊은이처럼.

직장인연이 행운을 내게 심어주었다. 가슴속에 뜨겁고 깊은 감사가 넘친다. 오, 해가 뉘엿뉘엿해도 함께할 벗들이여!

담장을 넘을까 봐

봄이 꽤나 변덕스럽다. 삼월에 들어서자 메마른 땅을 흠뻑 적셔주는 단비가 내렸다. 그러더니 얼음장 같은 찬바람이 춘설春雪을 펄펄 휘날려 한동안 가슴을 설레게 했다. 우수 뒤에 찾아온 경칩이 잠자는 땅을 흔들어 깨움인가, 봄을 시샘함인가.

눈비가 왔다가 그치고 구름 걷힌 봄날이다. 지나간 빈자리를 메우듯 따스한 햇살이 숲속으로 쏟아진다. 허허로웠던 마음도 봄눈처럼 녹아내린다.

숲속에 봄이 활짝 피었다. 숲은 봄의 향연을 펼치는 꽃과 새들의 천지다. 장끼가 꼬리를 곧추세우고 꿩꿩 짖어대자 새들이 뒤질세라 짹짹 소란스럽다. 개나리와 봄꽃들이 꽃망울을 터트려 자태를 자랑하고 있다. 봄의 소리와 향기가 숲속을 거니는 발길을 붙잡는 오후다.

"사진 한 장 찍으려고요."

숲속 산책을 마치고 집 마당으로 들어서다 움찔했다. 사진기를 둘러맨 낯선 젊은이가 마당에 서 있는 게 아닌가. 담장 옆 목련나무에 핀 하얀 목련을 쳐다보며 얼굴도 돌리지 않는다. 겸연쩍었는지 머리를 긁적거리는 손길에 수줍음이 보인다. 총각 같다. 지나가다 목련꽃이 탐스러워 들어섰다는 얘기다.

우리 집은 조붓한 터에 몇 해 전에 지은 주택이다. 동네에선 꼴찌로 들어선 셈이다. 이웃집에서 쌓아올린 담장은 우리 울타리도 되어주었다. 감나무와 목련나무 묘목을 사다 심고 화초도 곁들였다. 마당에 작은 정원이라! 생각만 해도 좋았다. 자식농사보다 더 정성들인다며 아내가 놀려댔다. 담장도 산뜻하게 페인트를 칠했다. 모양새를 갖추니 제법이었다.

날이 가고 달이 지나며 해가 몇 번 바뀌니, 옆집을 넘볼 만큼 자란 나무와 화초로 정원은 가득하다. 화초가 계절 따라 꽃을 피우듯 목련나무도 봄이면 하얀 꽃을 피워낸다. 가을엔 감나무에 노랗게 익은 감도 보인다. 옆집 담장을 넘어온 대추나무의 빨간 열매와 노란 감이 어우러지면 한 폭의 그림을 연상케 한다.

지난해 늦가을 어느 아침, 예기치 않은 일이 생겼다. 뜰에 나간 나는 어리둥절했다. 이웃을 넘보던 우리 감나무의 굵은 가지가 잘려나가고, 담장 위로 휘늘어졌던 옆집 대추나무 가지도 잘려진 것이었다. 참으로 황당했다.

"그래, 주인 잘못 만나 고생이 많구나."

감나무를 어루만지며 쓰린 내 마음을 달래듯 위로를 했다. 짐작건대 대추나무집 아저씨의 소행이 분명했다. 싸울 수도 없고 속만 끙끙 앓았다. '고맙다'는 말이라도 들으려 저지른 일은 아니었을까. 그래도 그렇지, 말도 없이 옆집 감나무를 가지쳐버리다니. 옆집이 먼 이웃이란 말인가. 제 나름으로는 일손을 덜어주려는 듯 전정가위와 톱으로 깨끗이 잘라 담장경계를 갈라놓은 것이었다. 혹여 시샘이라도 나서 그랬나. 처녀총각처럼 감나무와 대추나무가 가을을 멋지게 그려냈었는데….

어쨌든 해명은 있어야 할 듯싶다. 감나무가 먼저 담장 너머로 가지를 뻗쳤는지, 대추나무가 앞서 넘어와 휘늘어졌는지를. 하지만 알 수 없으니 안타깝기만 하다.

감나무가 유혹의 손길을 뻗치듯 먼저 담장을 넘봤을까. 아닐 게다. 아마 대추나무가 먼저였지 싶다. 바람이 불면 늘 넘보는 게 대추나무였으니 말이다. 어쩜 동시였을지도 모르지. 젊은 남녀 간에도 처음 누가 구애求愛의 손짓을 했는지는 그들만이 안다. 이웃집 아저씨도 오죽 답답했으면 가지를 둘 다 잘랐으랴. 내 생각이 짧았나 보다. 그래, 만나면 어른스레 씩 웃고 지나갈 테다.

문제는 옆에서 이 모든 걸 지켜본 목련나무였다. 목련은 겨울에 들어서자 잎을 다 떨어뜨렸다. 여름의 푸르고 넓은 잎은 비바람 뜨거운 햇볕에 얼마나 고생했을까. 잎이 진 나무는 찬바람을 견디려 솜털처럼 보드라운 꽃봉오리를 내밀었다. 목련은 미리 겨울을 준비하고 봄꽃을 품고 있었나 보다. 누군가 노래했듯 '봄바람 불어오고 개나리 활짝 피면 저기 저만큼 님이 올까' 하며 기다리는 목련이 아닌가. 하루 다르게 커가는 목련이 이웃 담장을 넘을까 봐 걱정스런 마음이었다.

춘삼월, 우리 집 목련나무에 꽃이 활짝 피었다. 눈비가 그치고 봄바람이 살랑대자 따스한 햇살에 본연의 자태를 드러낸 것이다. 겹겹이 쌓인 외로움을 벗어던진 것처럼 하늘로 곧게 치솟은 나무에 백옥처럼 희디흰 알몸이다. 하얀 목련꽃이 청초하고 우아하다. 얼굴에 수줍은 미소를 띤 처녀 같다. 길고 지루했던 겨울바람의 통로를 지나 찬란한 햇빛 찾아 나왔는가. 담장을 넘을까 봐, 이웃집을 넘볼까 봐 애태웠던 기억은 이제 까마득하다. 가지가 잘려나가면 어쩌나 하는 건 나의 헛걱정이었다. 월담 않은 목련이 고마울 따름이다.

무소유의 삶을 살다 가신 법정스님이 떠오른다. 며칠이 지나면 목련꽃도 지고 만다. 스님의 말처럼 사람도 누구나 바람이 나뭇가지를 스치듯 떠나간다. 자연의 법칙이자 만고의 진리가 아니랴. 그러하나 속인이야 어찌하리, 이 목련을 버릴 수 없으니.

걱정은 순환 되풀이되는 우리네 삶의 한 풍경이다. 내게 한없는 애절함이 다른 이에겐 무심한 일상이 되기도 한다. 앞에서는 미안해하면서도 뒤에선 민망스레 입술을 비쭉거릴 때도 있다. 젊은이도 살다보면 목련 걱정하는 내 마음을 알리라.

봄 햇살이 얼굴 위로 부서진다. 목련이 지나는 그 젊은이를 먼저 유혹한 건 아닐까. 뜰 안에 꽃향기 그윽하다.

저 바다의 은물결처럼

아름다운 섬이 어깨를 우쭐대게 한다. 그 속의 산과 들이 그렇고 올레길이 그러하다. 푸른 바다가 품어 안고 있어 나그네가 눈독을 들이는 곳이요, 세계자연유산으로 등재되어 보호받는 섬이다. 찾아오는 이들에게 늘 꿈과 낭만을 안겨 주는 제주. 요즘 분위기를 타며 대자연의 보고寶庫로 각광받고 있다.

화창한 어느 날, 한 노인을 우연히 알게 됐다. 그 노인의 아름다운 기부가 시중의 화젯거리다. 자기가 소유한 목장 부지인 임야 사만육천여 평을 고향의 대학발전기금으로 쾌척해 모두의 마음을 출렁이게 하고 있다. 아니, 그게 시가로 삼백여억 원이나 되는 땅이라니!

더욱더 놀라운 것은 그분이 기부하게 된 동기다. 자연에 대한 고마운 마음에서 그랬다는 것이다. 눈이 휘둥그레질 수밖에 없다. 동기 자체가 놀라움을 넘어 자못 엄숙하기까지 하다. 마음속에 닫혔던 문을 활짝 열게 한 뭔가 분명히 있다. 소중한 목장을 기부할 만큼 '자연에 감사'하는 그 마음은 도대체 어디서 나온 걸까.

"자연은 보물창고와 같다. 혼자 독점할 게 아니다. 은혜로운 자연의 혜택에 감사한다. 고통 받는 환자들이 보물창고를 이용할 기회를 갖도록 하는 것이 사회에 이바지하는 길임을 확신했다. 이 목장부지에 우리나라 최고의 노인병원과 요양시설을 제주대학에서 건립해주길 바란다."

그분은 호감이 가는 얼굴에 함박웃음을 띠고 있었다. 그토록 의연하게 기부 동기와 바람을 밝히는 모습이 너무나 아름다웠다. 마음이 사랑으로 젊어지면 몸도 건강하게 되나 보다. 86세의 나이가 믿기지 않을 만큼 정정했다. 목장을 인수한 지는 삼십 년이 넘었다고 한다. 그 후 줄곧 그 목장에서 살아온 것이다. 가축을 사육하면서 가시덩굴과 잡목을 정리하고 산림을 보호 관리해온 노인. 팍팍한 삶에서 조그마한 기부도 쉽지 않는 일이다. 그러기에 그 선행이 더 큰 울림으로 다가왔다.

목장 주인인 그분은 제주시 오등동 출신인 K 노인이다. 고향에서 고등학교를 졸업한 후 광주에서 대학을 나왔다. 그곳 광주에서 동물병원장과 축협조합장, 지역 수의사회장도 역임한 분이다. 고향을 잊지 못해 자신이 나고 뛰놀던 한라산 자락의 고향마을 인근에 있는 목장을 구입했다. 거기서 사슴과 소를 손수 키우는 세월 동안, 애지중지 가꿔오며 온갖 애틋한 정성이 깃든 목장이 아니던가. 소중하고도 아까운 그 목장을 선뜻 내놓은 노인이 놀랍고도 존경스럽다.

한라산 속 목장은 공해가 없는 곳이다. 그분은 거기서 인부들과 함께 자연에 묻혀 생활해왔다. 본인 자신은 물론 인부들 중에 질환을 갖고 있던 이들이 건강상태가 호전되는 것을 보았다. 폐결핵이나 고혈압 등 만성질환에 목장의 치유능력이 대단하다는 것을 직접 체험한 것이다. 자연 치유였다. 젊은 시절, 나도 자연과 벗하며 산행으로 신병을 치유했던 경험이 있다. 한라산의 맑은 물과 공기의 조화가 마음뿐만 아니라 몸도 치유하고 있음에랴. 자연에 감사하는 연유가 여기에 있었다.

"밑바닥으로 끌어당겨주던 중력重力조차 감사한 순간이었다."

어느 우주인의 체험담 한마디이다. 지구로 귀환한 순간의 그 고백이 절절하게 느껴진다. 숨 쉬는 공기와 마실 물, 그리고 편안히 일하고 쉬는 장소를 내주는 게 바로 자연이다. 그것만도 감사할 일인데 인간의 병까지 치유해주고 있다. 자연은 우리의 요람이요, 일터요, 생명의 원천임이 분명하다. 그럼에도 잊기 십상이다. 자연의 고마움을 느끼지 못하며 살고 있는 우리에게 뭔가 일깨워 주는 듯하다.

K 노인은 가축의 질병을 치료하고 생명을 살리는 분이지 않은가. 남에게 말 못할 일도 많았을 터이다. 생명을 살리는 일은 사랑이 없으면, 생에 대한 애착이 없으면 안 되는 일이다. 희생과 봉사정신이 있어야만 한다. 치유하기 힘들 것이라 여겼던 자신의 병도 고쳤으니 그 기쁨은 과연 어땠을까. 자연이 베풀어주는 사랑에 대한 그 감동이 얼마나 컸을까.

살아가노라면 즐겁고 행복한 일만 있는 게 아니다. 예기치 않은 힘들고 어려운 순간이 닥친다. 비록 곧 쓰러질 것 같은 그런 순간이라도 참고 넘는 과정에서 많은 것을 배운다. 괴로움을 극복하고 나면 삶에 한층 감사하게 되고 성숙해진다.

인생길은 사람마다 다르다. 한데 한줌의 흙으로 돌아갈 때는 똑 같게 마련이다. 다만 다른 게 있다면 어떤 삶을 살다 갈 것인가, 즉 생을 무엇으로 채우느냐이다.

그 노인은 꿈과 사랑으로 자신의 생명을 채우고 있다. 그 빛이 찬란하고 그 냄새가 향기롭다. 고향 바다에 출렁이는 은물결처럼 그분의 선행이 눈부시다. 추사秋史 선생은 의녀 김만덕의 덕행을 찬양해 '은광연세恩光衍世*라고 글로 남겼다. 훗날 추사 선생 같은 누군가가 이곳 제주에 온다면 오늘의 이 일을 뭐라 할까.

계절이 바뀌는 길목이다. 바닷물 위로 반짝이는 햇살이 곱다. 걸터앉은 바위를 바람이 부드럽게 넘고 있다. 갯냄새가 상큼하다. 스스럼없이 우리가 받는 자연의 선물이다. 갈매기 울음소리와 파도소리가 까~악 철~썩 가슴을 울린다.

누군가가 지금 내게 묻고 있다.

"자네, 생을 어떻게 살고 있는가. 사랑과 감사로 가슴은 뜨겁게 불타고 있는가."

*은광연세恩光衍世 : 제주에 유배돼 온 추사 김정희(1786~1856)선생이 조선시대에 전 재산을 내놓아 굶주린 제주백성을 구한 의녀 김만덕(1739~1812)을 기려 쓴 휘호다. 은혜의 빛이 온 세상에 퍼진다는 뜻. 추사가 그녀의 덕행을 찬양해 그 가문의 3대손인 김종주에게 써준 것으로 알려져 있다.

3부

들썩이는 섬

수필, 이 친구야
들썩이는 섬
그림자
은혜로운 인연
사내녀석이 울기는
형제여, 잊었는가
따스한 손길
얘야, 인동꽃을 보아라
그 한마디
안개 속을 헤매다

수필, 이 친구야

벽에 걸린 거울을 슬쩍 쳐다봤다. 주름진 얼굴에 흰 머리카락이 듬성듬성하다. 윤기 있는 까만 머리를 기대한 내가 잘못이다. 내 모습이 거울에 가감없이 비친다. 흐르는 세월 앞에서는 서글퍼지게 마련인가.

이럴 때 내게 다가온 친구가 수필이다. 수필은 세월 속에 묻혀 잊어버린 나를 다시 돌아보며, 후반의 인생길을 함께 갈 동반자다. 동고동락할 이 벗을 만난 건 행운이요, 철부지 같은 나에게 찾아든 축복이다. 그 인연에 감사하는 마음이 앞선다.

올레길. 햇살에 눈이 부시다. 창공의 하얀 조각구름과 바다의 푸른 물결이 마음 설레게 한다. 파도와 바람은 쏴아

철썩 섬 노래를 연주하고 있다. 오름의 품에 안긴 작은 마을은 여유로움으로 가득하다. 심신이 편안해진다. 행복감이 가슴에 살포시 안겨온다. 자연이 주는 선물이다.

누군가 말했다. 수필은 자연 속의 '나'를 그려내는 문학이라고. 그러하나 서로 다른 개성 있는 '나'가 아닌가. 수필은 삶과 사색을 담아내는 그릇이라고도 했다. 관건은 인생과 자연을 관조하면서 얻은 나의 체험과 사색의 조각들을 어떻게 그려내느냐에 달려있다. 무엇보다 진솔하고 순수해야 할 터이다.

수필이라는 친구를 사귀기가 그리 녹록지 않다. 나의 속내를 다 드러내보여야 하는데 그게 부끄럽다. 그렇지만 감출 수도 없다. 또한 감성의 샘물이 마르지 않게 하고, 감각이 무디지 않아야 수필과의 관계를 유지할 수 있으니 참으로 만만치 않다.

너그럽지 못한 나는 '용서와 화해'라는 과제를 풀지 못해 몸부림친다. 고통과 슬픔도 함께 나누고 기쁨과 행복을 줄 수 있어야만 수필 친구를 만날 수 있다 한다. 더구나 모진 시련을 겪어도 거짓 없는 마음을 보여주어야 이 녀석이 더 가까이 다가온다니 고민이 이만저만이 아니다.

자연에서 더불어 사는 법을 배운다. 모든 생명체가 서로 의지하고 도우며 살아간다고 하지만 여전히 우리 주위에 힘들어 하는 이가 적지 않다. 우리네 삶 속에 감동과 사랑의 자양분이 부족해서인가. 따뜻한 글, 진솔하고 맛깔스런 글을 쓰고 싶다.

글을 쓰노라면 자연과 인간의 어울림에 경탄을 금치 못한다. 지난 시절을 회상하며 나를 되돌아볼 때면, 고향집에서 어머니와 옛 친구들을 만난 듯이 행복해진다. 때로는 삶의 굴곡에서 야박했던 내 모습이 보여 얼굴이 붉혀지기도 한다.

수필을 쓴다는 것은 고통을 수반한다. 주눅이 들고 번민하기 십상이다. 그럴 때면 도공이 도자기 만드는 과정을 떠올린다. 뜸들이며 다듬고 또 달군다. 작품을 건져 올리면 그리 대견하고 기쁠 수가 없다. 하지만 그것도 잠시다. 나의 작품 속에서 감미로움이나 밝은 미소를 찾기가 힘들다. 공명共鳴을 불어올 것 같지 않아 고심한다.

책상 앞에 앉아 수필친구를 도닥거리며 속삭여 본다. 아니, 굳은 다짐을 해본다.

"수필, 이 친구야! 소중한 인연과 의리를 저버릴 자네가 아니잖은가. 머리가 희끗한, 자질도 모자라고 배움이 부족한 나지만 앞으로 더 노력하리라는 걸 자넨 알지?"

들썩이는 섬

역사의 변화를 예측하기란 쉽지 않다. 1991년 어느 봄날, 최초의 한소 정상회담이 동서냉전으로 큰 피해를 입은 제주 섬에서 열렸다. 탈냉전의 시동을 알리는 신호탄이요, 동서화해의 시대를 연 역사적 사건이라 할 것이다.

회담이 열리는 그날은 유별난 하루였다. 제주의 공항도로와 시내 거리에는 색다른 깃발이 나부꼈다. 붉은 바탕에 낫과 망치가 그려진 소련 국기였다. 몽골의 백 년 핍박을 견딘 섬은 4·3 때 또 얼마나 많은 아픔과 희생을 겪었던가. 당한 수모 또한 얼마였던가. 과거를 잊은 듯 열린 회담. 지구촌의 이목을 끌며 평화의 섬 제주를 부각시켰다. 그 첫 열매라고나 하랴. 그해 가을 남북한 동시 유엔 가입이 이뤄져 세상을 크게 놀라게 했다.

휘몰아친 개혁개방의 자유물결, 공산주의 몰락과 급작스런 소련의 변화는 경악 그 자체였다. 외세의 억압과 변방이라는 홀대 속에 인고의 세월을 묵묵히 지나온 제주 섬이 아니던가. 아, 혼란스런 당혹감! 하지만 기회였다. 미·중·일 등 한반도 주변 열강 정상들의 방문이 이어져 평화를 상징하는 섬으로 거듭 부각됐고, 그 씨앗은 십사 년 뒤 '세계평화의 섬'으로 지정, 선포되는 결실을 맺는다.

이 섬이 또다시 뜨고 있다. 유네스코 자연환경과학 분야의 '트리플 크라운'을 획득해 찬란한 빛을 내고 있어서다. 생물권 보전지역 등록을 시작으로 몇 년 새 세계자연유산 등재와 세계지질공원 인증을 받은 것이다. 삼관왕은 세상에서 지금껏 제주가 유일하다. 어디 그뿐인가. 칠머리당영등굿도 세계무형문화유산으로 등재됐다. 푸른 물결과 하얀 조각구름도 한몫했을까. 누리의 부러운 관심에 섬이 들떠 흥겨워한다.

제주 섬은 돌담길처럼 인간의 삶을 품어준다. 포근하다. 섬의 품에 안기면 평온함과 자연의 신비에 동화됨을 느낀다. 감춰진 진미眞美가 아니겠는가. 인간 삶과 조화를 이루는 빼어난 경관을 지녔다는 찬탄으로 섬이 술렁인다.

세계7대자연경관 후보지에 몇 해 전부터 오른 제주. 화산섬이 통째 하나의 후보지다. 천혜의 자연유산 성산일출봉, 계절 따라 탈바꿈하는 한라산, 땅속에 그물망처럼 펼쳐진 용암동굴, 자연과 사람이 공존하는 올레길, 해안절벽 주상절리는 영겁永劫이 빚어낸 지구촌의 보물이랄까.

사는 동안 누구에게나 황홀한 감격의 순간이 있을 것이다. 나에겐 세계7대자연경관 발표날이 그랬다. 한동안 주관 재단의 공신력에 문제가 제기되고 선정방법과 절차가 도마에 오르기도 했었다. 한데 선정되면 파급효과가 엄청날 거라는 여론에 파묻혔다. 되레 불을 붙인 셈. 해외동포까지 앞장서 선정투표 동참을 호소하고 있다. 과연 제주 섬이 그 금자탑을 세울 수 있을 것인가. 요 며칠 동안 기대와 설렘으로 나는 밤잠을 설쳐 왔다.

운명의 그날은 동트는 새벽부터 가슴이 울렁대기 시작했다. 행사가 여럿 겹친 날. 선정투표 마감 발표하는 날이자 벗들과 올레를 걷는 날이기도 하였다.

올레길 여덟 번째 코스, 바다에 밀려 내려온 용암이 굳으며 절경을 빚은 주상절리와 흐드러지게 핀 억새꽃은 일품이었다. 자연과 어울린 작은 마을은 여유로움이 가득했고, 마을을 품은 오름풍경은 눈길을 옭맸다. 올레를 걸으며 마감투표도 참여했음은 물론이다.

집에 돌아오자 여느 때처럼 우편함에 먼저 손이 갔다. 종일 나를 기다려온 듯 반기는 엽서 한 장이 잡혔다. 풍류를 즐기는 멋스런 H 선배가 써 보낸 것이었다.

오늘은 1자가 여섯이나 겹치는 뜻 깊은 날! 2011년 11월

11일. 백 년 만에 찾아오는 오늘을 맞아 소망 이루도록 당신께 신의 은총이 머무르길.'

뜻밖이었다. 히야, 어찌 이토록 때맞춘 감동의 글인가. 물 건너의 선배가 눈에 어렸다. 삿된 욕망을 버리면 말 한마디 글 한 줄이 사람을 뜨겁게 할 때가 있다. 그분의 편지글이 따스한 물결 되어 선정결과를 기다리는 밤새 가슴으로 밀려들었다.

"대한민국, 제주도."

스위스 뉴세븐원더스재단이 발표하는 순간, 온 섬이 흥분과 기쁨으로 휩싸였다. 긴긴 밤 초조하게 기다리던 사람들은 와~ 환호성을 지른다. 7대자연경관에 선정됐다는 열광에 나의 심장도 터질 듯 요동친다. 섬이 활짝 웃는다. 왕관을 쓴 보물섬이 덩실덩실 춤을 춘다. 너나없이 하나되어 이뤄낸 역사적인 쾌거요, 나라의 경사다.

세계에 우뚝 선 섬 제주, 나라의 브랜드 가치와 품격을 더 높여줄 거라는 기대감이 크다. 관광분야에도 신기원을 여는 전환점을 맞았다며 환영일색이다. 이름에 걸맞은 보물섬으로 거듭나려면 넘어야 할 산이 아직 많다. 어쩔 것인가. 열정과 헌신으로 그랬듯이 마음과 힘을 모아 쌓인 과제를 잘 풀어나가리라 믿는다. 합심合心이 우선 아니겠나.

그날의 환희, 예측 못했었다. 지금도 황홀한 꿈만 같다. 기분이 이리 좋을 수가 없다. 척박한 섬을 피땀으로 지켜온

선조들도 천상에서 흐뭇해하리라.

섬이 들썩이고 있다.

그림자

몇 부부가 오랜만에 모인다. 후배가 마련한 저녁초대 자리다. 모임장소에 나가 보니 다 나와 있다. 약속시간엔 늦지 않았지만 괜스레 미안한 마음이다. 평소 굼뜬 녀석이라는 말을 듣다시피 오늘도 그 범주에서 벗어나질 못했다. 우리가 참석하면 어색하지 않겠냐면서 주저하는 아내에게 신경이 쓰였었는데.

함께 근무했던 옛정 때문일까, 아니면 부부 동반이어서 그럴까. 정갈한 음식 맛처럼 선후배 모임 분위기가 꽤 맛깔스럽다. 요즘 아내 눈치 보기 십상인데 퍽 다행이라는 생각이 든다. 젊었을 땐 아내가 그림자처럼 나를 쫓아다녔지만 이제는 정반대이니 어쩌랴.

술이 몇 순배 돌면서 술자리는 한층 더 부드러워졌다. 언제나 그러하듯 세상사 모두가 얘깃거리다. 제 아들딸 자랑에서부터 웃음꽃이 피어난다. 쌓인 스트레스를 훌쩍 날려 보낼 만큼 화기애애하다.

"당신 멋져!"

건배구호가 방안을 흔든다. 때를 놓칠세라 그 후배가 옆에 앉은 자기 아내를 '그림자 같은 여인'이라며 치켜세운다. 정감 있게 말하는 품새가 예사롭지 않다. 요사이 아내를 생각하면 절로 힘과 용기가 솟는다고 했다.

그 후배는 인간관계가 넓고 후덕한 친구다. 맞벌이 부부인네 올봄에 승진발령을 받았다. 금융기관의 꽃이라는 영업점장으로. 주위의 부러움 속에 직장동료들의 축하를 듬뿍 받고 있다. 얼마나 기쁘겠는가! 솔깃하게 술잔에 풀어내는 얘기가 출렁출렁 마음에 와 닿는다.

사연은 이랬다. 그는 남편 뒷바라지에 매달리는 아내가 고맙고 미안해 항상 부담을 갖고 있었다. 승진도 몇 차례나 뒤로 처져 밀려왔다. 그런 어느 토요일, 본부에 근무하는 고향 선배가 내려와 그를 찾는다는 전갈이 왔다. 평소 존경하는 선배가 아닌가. 마침 쉬는 날이라 마누라가 선뜻 나서 차를 태워다줘 고마웠다. 선배를 만나 일을 끝내고 밖에 나와 보니 아내는 차 속에서 책을 읽으며 기다리고 있었다. 선배가 '저 여인이 누구냐'는 물음에 아내라며 소개했다.

"너무나도 보기 좋네요! 그림자처럼."

감격스런 그 선배의 한마디. 분에 넘친 칭찬에 쑥스러워 그의 얼굴이 붉혀졌다. 책을 읽는 여인의 모습은 언제 봐도 아름답다고 했다. 자기 마누라도 처녀시절부터 독서를 즐겨 시간이 나면 책을 읽곤 했는데, 그 모습이 너무나 아름다워 결혼까지 하게 됐다나. 그림자처럼 소리 없이 내조하는 마누라에게 늘 미안하다 했다. 마음에 평안을 안겨주는 마누라는 삶 속에서 남자의 집이요, 본향이라는 것이다. 그러고는 선배도 쑥스러웠는지 살짝 웃었다.

그 후 며칠이 지나자 서울에서 '참 부럽다.'는 동료들의 전화가 쏟아졌다. 잉꼬부부로 소문이 파다하다면서. 승진됐다는 소식도 함께 온 거였다.

그림자 같은 아내라! 그는 선배의 칭찬에 자신을 새삼 둘러보고, 부부 관계를 깊이 깨닫게 됐다는 것이다. 둘이지만 하나처럼 함께하는 둘이요, 동전의 양면처럼 따로 존재할 수 없는 하나인 빛과 그림자라는 걸.

"그 그림자, 정말 멋지다!"

맞장구에 어우러진 웃음소리가 왁자지껄해지며 분위기는 점점 무르익었다. 그림자 하면 어둡고 부정적인 이미지를 먼저 떠올리지 않았던가. 선입견에 문제가 있었던 거다. 아름다운 그림자를 보고 자신을 발견한 이야기에, 황중환님의 그림자 '만평漫評' 이 덧대어지며 나도 고개가 끄덕여진다.

그림자는 참 대단하다.
별 볼일 없는 사람 뒤에서 한평생 늘 낮은 자세라니

빛과 함께하는 그림자. 그의 만평처럼 그림자는 언제나 겸손하다. 빛이 찬란할수록 그림자는 잘 보이지 않는다. 먼저 앞질러 가려고도 하지 않는다. 누가 알아주지 않아도 자기를 낮추고 사는 게 바로 그림자다. 평생을 그리 살지만 불평을 말하지 않는다. 그림자는 빛의 반려자요, 내조자內助者다.

누구나 자기 중심으로만 살다 보면 망각의 늪에 빠져 자신을 잘 모르고 살 때가 있다. 자신을 남과 비교하면 자신이 하찮아 보이고 삶이 버거워지며 비참해진다. 어디로 가는지 방향도 모른 채로 살아간다. 그럴 때 생각해 보라는 그 그림자. 그림자를 보고 세상을 만나게 되면, 모든 게 새롭게 보이고 삶의 의욕도 강해진다고 한다. 중요한 것은 자신과 주위를 둘러볼 마음의 여유, 비움의 공간을 마련하는 것일 게다.

집으로 돌아오는 밤길. 동녘 하늘에 달이 밝다. 바람이 살랑거리자 가로수 그림자가 한들거린다. 움츠려들게 했던 겨울은 간곳없고, 산책객들의 옷에서도 봄 냄새가 물씬 풍겨난다. 젊은 연인들의 그림자 또한 다정해 보인다.

나도 아름다운 그림자를 드리울 수 있을까. 달그림자가 봄을 부르듯 아내가 나를 보고 방긋 웃었다.

은혜로운 인연

'은혜는 돌에 새겨두라.'는 옛말이 있다. 곧잘 은혜로운 인연을 잊어버릴 수 있기에 나온 말이리라. 돌에 새긴 기록은 비바람 불고 세월이 흘러도 쉽게 지워지지 않을 터이다.

잊었던 인연을 찾아내면 감동과 회한으로 눈시울이 뜨거워진다. 가난을 품어 살던 유년시절은 그리운 인연들이 잠겨있는 추억의 바다다.

그때는 그랬다. 버스통학은 엄두도 못 냈다. 시골에서 등하굣길은 걸어서 한 시간이 보통. 길이 멀다는 생각은 아예 없었다. 벗들과 함께 걸으면 신나고 즐거웠다. 중학교복에 명찰을 달고 다닐 수만 있어도 자랑이던 시절이었다.

자전거 타는 것도 그때 배웠다. 손목시계를 찬 부잣집 친구가 자전거를 학교에 타고 오는 날은 절호의 기회였다. 먼저 배우려 다투기까지 했다. 그런 날 하굣길에 그가 풀빵이라도 사주면 그 맛은 꿀맛이었다. 그네 집엔 저녁마다 동네 사람들이 몰려든다며, 라디오 연속극을 듣고 와 자랑하기 일쑤였다. 부러웠다.

어린 가슴에도 꿈과 희망이 잔디처럼 돋아나는 어느 봄날, S 선생님이 '훗날 이루고 싶은 소망이나 꼭 갖고 싶은 것은?'이라는 제목을 주며 느닷없이 제출하라고 했다. 나는 라디오, 시계, 자전거를 꼭 갖고 싶다고 써냈는데 어쩐지 얼굴이 붉어졌다. 과제를 제출한 다음날, 선생님이 교무실로 나를 불러 "열심히 공부해라! 바람이 꼭 이뤄질 거다."라며 살갑게 다독여주었다. 불려갈 때는 가슴이 쿵쾅거렸는데, 상이라도 받은 듯 기분이 좋았다.

그 라디오와 시계와 자전거! 당시 시골에서는 부富의 상징이자 문화생활의 척도였지 싶다. 부러워도 아무나 가질 수 없는 그림의 떡이었다. 내가 적어낸 것을 누군가 보았는지 생뚱맞은 소문이 나돌았다. 졸지에 '친구를 시샘하는 학생'이 되고 말았다.

가난이 서러웠다. 치렁치렁 옭아맨 가난의 굴레에서 벗어나는 것이 간절한 소망이고 꿈이었다. 선생님 말씀처럼 열심히 공부하리라 입술을 깨물었다.

요즘 내 아들딸이 "와~! 아빠 대단했다!"며 슬쩍 놀려대는 일도 그 시절 일어났던 일 때문이다. 어머니의 짐을 덜어주려 하느님이 도우셨을까. 당시 시골에서 시내 인문고에 장학금을 받고 진학하게 되다니. S 선생님은 진학 후에도 학생지도 아르바이트까지 소개해 주셨다. 보잘것없는 내게 정과 사랑을 쏟아 꿈을 키워주신 S 선생님, '착실한 학생'이라는 내 신원보증도 서준 셈이다.

대학시절, 어머니가 홀연 세상을 뜨셨다. 눈앞이 캄캄했다. 전공을 공부하다 말고 취업을 선택하여, 오일쇼크 불황에도 다행스레 금융기관에 합격하였다. 학교 졸업은 곧 사회의 출발이라 했듯 나는 사회 초년생이었다. 입사入社절차가 그리 까다로울 줄이야. 재정보증인을 세워야 했다. 재산세 오만 원 이상을 납부하는 두 분을 세우라니 내 주위에서 그런 분을 찾기가 어려웠다. 겨우 찾아내도 쉽사리 보증을 서주려 하지 않았다. 책임을 감당키 어렵다고 고개를 설레설레 흔들 뿐. 세상살이 쉬운 게 하나도 없다는 느낌이었다.

입보立保 독촉이 성화 같았다. 며칠 내로 안 되면 직장을 다닐 수 없을 것이라 했다. 도와줄 사람이 없다는 생각에 서글펐다. 고민 끝에 결례를 무릅쓰고 K 교수님 댁을 찾아갔다.

"그러지! 보증수표 같은 자네가 아닌가."

뜻밖이었다. 웃으며 선뜻 재정보증을 서주는 거였다. 전화까지 걸어 다른 분도 추천해 주셨다. 교수님께 큰절을 올리면서 기쁨과 감사의 눈물을 어찌나 흘렸던지. 당시엔 개인이 사고가 나면 당사자와 보증인은 물론 사무실은 초상집 분위기였다. 법학 전공 교수인데 보증 책임을 예상 못할 리 없잖은가. 아끼는 제자라도 보증을 서주긴 쉽지 않았으리라. 직장생활하는 동안 나는 언제나 긴장했었다.

나는 아직까지 남의 재정보증을 선 일이 없다. 그럴 만한 자격을 못 갖춰서인지는 모르나, 그걸 갖췄다 한들 쉽게 보증을 서줄 수 있을 것 같지 않다. 지금도 그때 일을 생각하면 눈물이 글썽해진다. 교수님은 어느 포근한 봄날 세상을 떠나셨다.

무심한 듯 세월이 흘렀다. 어린 시설의 그 리디오와 시계와 자전거, 은혜를 베풀어주신 스승님, 무탈하게 마친 직장생활. 어느 하나 소중하지 않은 것이 없다.

누구나 인연을 맺고 살아간다. 인연은 귀중한 것이다. 어떤 사람을 만나느냐 또 언제 만나느냐에 따라 인생길이 갈린다. 필연이든 우연이든 가벼이 대할 수 없는 연유가 여기에 있다. 그럼에도 인연을 아름답게 가꾸는 사람은 흔하지 않다 한다. 다가온 좋은 인연을 소홀히 대하고선 나중에야 눈물짓기 십상이라는 것이다. 바로 내 모습이 아닐까.

늘 감사하는 삶을 사는 나였으면 좋겠다. 다시 찾아온 봄을 맞는 들꽃처럼.

사내녀석이 울기는

유년 시절, 손꼽아 기다리는 날이 있었다. 음력 유월 스무날, '닭 잡아 먹는 날'이다. 전통풍습이요, 삶의 지혜라 하리라. 무더위에 영양보충과 휴식은 필수였을 것이다.

아버님이 세상을 일찍 뜨신 우리 집엔 어머니가 가장이었다. 어김없이 그날은 우리도 닭 잡아 먹는 날. 밭일을 낮전에 끝내고 집에 온다. 마당 청소하노라면 솔솔 풍겨나는 닭 삶는 냄새! 뒤돌아보면 풋풋한 가족애가 뒤섞인 눈물의 파노라마다.

별이 총총 돋아나는 초저녁, 마당에 멍석을 깔고 오순도순 모여 앉는다. 어머니는 삶은 닭을 나눠, 먹고픈 닭다리는 내게 준다. 누나들은 고까운 표정을 짓다가도, 남동생이 우선이라는 눈짓에 은근슬쩍 넘어간다. 닭 날개와 몸통은 누나들 몫이다.

"엄마 몫은 없잖아!"라는 큰누나의 풀죽은 소리에 어머니는 "여기 닭죽이 있지 않니." 하며 죽이 더 맛있다고 딴청이다. 누나의 눈물이 방울진다. 어머니의 따스한 눈길에 울컥 목이 멘다. 식구가 여럿이니 남을 리 없다. 삶은 닭은 고작 한 마리였으니.

시골에선 집집마다 닭을 키웠다. 병아리를 초봄부터 돌봐 어미닭으로 키워내야 한다. 그 일은 나의 몫. 아침이면 닭과 병아리를 마당이나 텃밭에 풀어놓는다. 족제비의 좋은 먹잇감이렷다. 어디서 튀어나오는지 녀석은 눈 깜짝할 새 병아리를 낚아채고 사라지기 십상이다. 큰 닭을 해치기도 한다. 울다 보면 눈이 퉁퉁 붓곤 했다.

"그래, 됐다. 사내녀석이 울기는…."

밭일을 마치고 온 어머니는 훌쩍이는 나를 도닥였다. 족제비는 쥐도 잡아먹고 좋은 털도 제공해줘 해롭지만은 않은 녀석이라 했다. 새끼도 키우고 온 식구가 먹고 살려니 그런 거라며, 덕분에 닭 먹게 됐다고 웃으시던 어머니였다. 허허로운 마음은 웃음 뒤에 감추고서. 한데 잠자리에선 '사내는 강인해야 한다.'며 아들의 여린 마음에 침을 놓았었다.

약육강식의 생존법칙을 말함이었을까. 상생의 법칙을 일깨움이었을까. 모든 생명체는 생존경쟁에서 자유로울 수는 없을 터. 용기를 주려함에 무게를 두었을 듯싶다.

엊그제 같은데 세월이 반세기 남짓 흘렀다. 나의 오늘이 있음은 어제가 있었기 때문이 아니랴! 일생을 오롯이 다 바쳐 자식만을 위해 살다 가신 어머님이 거기 내 옆에 계셨다. 눈앞이 흐릿해온다. 잘도 못났다. 사내녀석이 울기는.

형제여, 잊었는가

나그네를 반기듯 햇볕이 따사롭다. 현란한 이스탄불 거리엔 사람들이 물결치고, 도심에 흐르는 바다는 너울로 출렁이고 있다. 터키에서 처음 만난 이스탄불과 보스포러스 해협이다. 아, 어쩌랴! 인류문화의 보물창고인 찬란한 도시와 검푸른 바다의 달콤한 유혹을. 게다가 화사한 4월의 봄날이지 않은가.

유람선을 탔다. 상쾌하고 달뜬 기분이다. 고온 건조한 지중해성기후 덕분일까. 아름다운 항구 '골든혼'과 주변 섬들이 넋을 빼앗는다.

해안 한쪽 언덕 위로 그리스풍 흰색 건물에 빨간 지붕이 고풍스럽다. 휴양지답다. 맞은편은 터키풍의 건물과 모스크 첨탑이 장엄함을 보여주고 있다. 저 멀리 보이는 왕궁,

사원, 전원주택들과 작은 숲이 바다와 어우러져 장관이다. 물결치는 너울처럼 생뚱맞게 내 안에 묘한 울렁임이 인다. 터키의 매력 속으로 풍덩 빠져든다.

화려한 도시 전체가 세계문화유적지다. 천육백여 년 동안이나 로마제국과 오스만제국의 수도였던 이스탄불. 도시와 자연의 아름다움에 경탄을 금할 수 없다. 동서고금에 여기만한 곳이 있었던가. 서로 다른 문화와 종교가 뒤섞여 이뤄내는 조화가 경이롭다.

이스탄불은 아시아와 유럽 양 대륙에 걸쳐있는 큰 도시다. 거대한 대륙을 연결하는 가교요, 세계적인 전략요충지다. 이 도시가 더 유명해진 것은 흑해와 마르마라해를 잇고 유라시아 대륙을 가르는 보스포러스 해협이 있어서다.

이곳에 깃든 신화에 귀가 솔깃해진다. 제우스신은 부인 헤라여신의 질투로부터 그의 애인인 '이오'를 구하기 위해, 이오를 소로 변신시켰다. 헤라는 그 사실을 알아냈고, 소를 괴롭히도록 파리를 보냈다. 이오는 고통에서 벗어나려 해협을 건너 지긋지긋한 파리 떼를 쫓아냈다. 이때부터 이곳은 소의 문(門)을 뜻하는 '카우 게이트' 즉 보스포루스라 불리기 시작했다 한다. 여기를 지나면 어려운 상황도 잘 풀린다는 뜻일까.

이 해협은 길이도 짧고 폭도 좁다. 하지만 강대국들이 탐내는 가장 중요하고도 복잡한 바다의 하나다. 주변국의 수

많은 선박들이 이곳을 운항한다. 그 뿐만 아니라 근년에 현수교인 '보스포루스 브리지'의 개통으로 두 대륙의 육로가 연결되어 차량 통행도 엄청나다. 현재 세 번째 다리는 한국 기업이 맡아 건설 중이라니 자랑스럽기 그지없다.

터키는 너른 땅과 풍부한 자원을 가진 나라다. 영토는 거의 아시아대륙에 속해 있고 3%만 유럽인데, 한반도의 네 배에 가깝다. 긴 세월 숱한 전쟁의 소용돌이를 겪어서인지, 군인의 용맹성이 세계 제일로 정평이 나 있다.

오늘날 이 나라가 중동의 패권국이 된 것은 어디에 연유할까. 지도자의 역량과 국정시책의 성공이 큰 요인이었지 싶다. 무스타파 케말은 개혁과 개방정책을 펼친 초대대통령이다. 타민족에 대한 '개방과 포용' 정책으로 두루 관용을 베풀고, 종교의 자유를 인정했다. 터키어를 만들어 나라 기반을 다져 놓았기에 국부國父로 추앙받고 있다.

특히 보스포루스의 문을 활짝 열었다는 게 놀랍다. 자국의 영해이지만, 이 해협을 공해처럼 개방해 통상과 문화교류에 발 벗고 나선 것. 나라의 번영과 평화를 위해 바다를 열어 세상을 품었다 하리라. "문화재는 가져왔으나, 거기에 깃든 사상은 다 못 가져왔다."는 그의 말은 의미심장하다. 터키가 힘을 쏟고 있는 관광문화정책에 기대가 큰 것도 그런 맥락에서이다.

온 국민들은 국가에 대한 자부심이 대단하다. 세계를 지배한 대제국의 수도가 이스탄불이었음을 뿌듯해 하고, 유목민족답게 마음이 넉넉하고 살갑다. 내세를 중히 여기고 현세를 즐긴다. 삶에 아등바등하지 않는다. 만나는 사람이 바뀌면 세상이 달라 보이는 것일까. 마주치는 사람들이 정겹고 따뜻하다.

오스만제국의 후예로서 그들은 명예와 의리를 중히 여긴다. 고구려와 동맹을 맺었던 돌궐, 즉 투르크족의 후손이라는 걸 자랑한다. 한국전쟁에도 참전해 함께 피를 흘린 나라다. 이 세상에서 한국을 '형제의 나라'라고 부르는 나라! 그래서인지 무척이나 우리를 반긴다.

더욱이 지나치다 할 정도로 축구에 열광한다. 터키가 출전했던 서울의 2002월드컵 4강전을 지금도 잊지 못해 한다. 한국응원단이 커다란 터키 깃발을 들고 열렬히 응원해 줘, "눈물 나게 감동을 먹었다."며 고마워하고 있다. 그들의 한국 사랑은 축구에 열광하듯 유별나다. 우리 교포들이 이 나라를 왜 그리 좋아하는지 알 것 같다.

대륙의 끝은 곧 대륙의 시작이었다. 그 위대한 문명과 역사의 힘에 전율했다. 역사는 이뤄지는 것인가, 아니면 만들어가는 것인가. 터키는 동서로 세력을 뻗쳤던 여러 문명의 중심지였다. 앞으로도 세계평화와 번영에 크게 기여하리라는 확신의 불꽃이 가슴에 활활 타올랐다. 따뜻한 형제의 나라, 터키와의 우의가 영원했으면 좋겠다.

감사하는 마음으로 앙카라 한국공원을 찾았다. 한국참전 기념탑에는 전사자들의 이름이 빼곡하다. 영혼의 울림이 들린다. 아, 잊었는가! 피로 맺은 형제여!

따스한 손길

"어찌 이리 찾아왔는가! 정말 고마워!"

세월이 흘렀을 뿐 곱게 늙은 얼굴에 다정다감한 목소리다. 미소도 인자하기 그지없다. 나의 두 손을 맞잡은 사모님의 손이 따스하다. 눈물을 글썽인다. 그 옛날의 온정 때문일까. 나도 눈물이 날까 봐 조심스럽다. 머리는 하얗지만 치마를 입고 앉은 우아한 풍모가 예나 다름없다. 보기만 해도 존경심이 절로 우러난다.

주변에서 훌륭한 어른을 만날 때면 마음이 들뜬다. 그런 어른이 여인이라면 더 민감하게 되는 걸까. 한자락 바람에도 흔들리는 나뭇가지처럼 호감이나 정은 느낌으로 즉각 알게 마련이다.

학창시절, 가정형편상 나는 아르바이트를 했다. 고교 여름방학 때였다. 서울의 명문중학교를 다니는 1학년 학생을 맡아 지도하게 되었다. 고향에서의 개인교습이랄까. 그 학생의 부모는 이름난 분들이었다. 아버지는 유명한 사업가요 정치가였고, 어머니는 동네에서도 사모님이라 불릴 만큼 멋스럽고 인품이 뛰어난 여인이었다.

사모님은 남루한 나를 아들친구처럼 편안하게 대해줬다. 당시는 보릿고개를 넘기도 힘들던 시절이었는데, 숙식을 제공 받으며 그 집에 함께 기거했다. 나를 '자네'라고 호칭했다. 인생의 폭이 얼마나 풍만하면 그랬을까. 사모님의 배려가 가슴에 와 닿았다.

"자네, 수고 많이 했네!"

방학이 끝나자 학비에 보태라며, 교습료 말고 봉투를 하나 더 주는 게 아닌가. 생애 처음 받는 봉투, 내 손에 꼭 쥐어주는 사모님의 손이 따뜻했다. 훗날에야 안 일이지만 그분은 독실한 불교신자였고, 어려운 이웃을 돕는 소문난 자선가이기도 했다.

그 후 사모님은 방학 때마다 나를 불러 주었다. 내 손을 붙잡고 어린 아들을 잘 지도해줘 고맙다는 말도 잊지 않았다. 나를 아끼는 마음에서 어려운 형편을 도와주려 함이 없지 않았으리라. 해마다 여름겨울 방학 두 달을 그 집에서 학생과 함께 생활했다. 어쩐지 가족 같은 느낌이 들었다.

시간이 있을 때면 어머니처럼 흥미로운 삶의 이야기도 들려줬다.

어느 고승高僧이 맹사성에게 겸손을 일깨워준 '고개를 숙이면 부딪치는 일이 없다.'는 얘기도 그중 하나였다. 사람과의 관계에서는 자기를 낮추면 일이 쉽게 풀린다는 것. 넌지시 일러주는 가르침에 사모님의 따스한 마음이 더해져 나를 몹시 감동시켰다. 인생길을 가는 데에는 좋은 벗이 있어야 한다고 했다. 친구와의 우정 그리고 겸손! 내게 준 귀한 선물이요, 가르침이었다. 부끄럽지 않은 사람이 되겠다고 마음을 굳게 다짐했다. 그때는 감히 엄두도 못 낼 꿈이라도 가슴에 품어 안을 만큼 뜨거운 젊은이였으니.

강산이 바뀔 만큼 세월이 흘렀다. 사모님이 아들네와 산다는 소문이 들렸다. 사노라면 고난은 뜬금없이 찾아들기도 하나보다. 이미 사장님은 돌아가시고 홀로이니 얼마나 적적하실까. 여태껏 삶에 시달려 여유를 잃고 살아온 내가 보였다. 찾아뵙지 못한 게 죄송스러웠다. 그러다가 산들바람 부는 어느 날 찾아뵌 것이다.

사모님은 내가 올 줄 알고 기다렸다는 듯 무척이나 반긴다.

"머리가 희끗해졌군! 자네 소식은 주변에서 들어왔네. 친구들은?"

인사드리고 자리에 앉자마자 다정스레 건네는 말씀이다. 한데 이건 숫제 면접시험 같아 곤혹스럽다. 오랜만에 찾아간 내게 "친구들은?" 하고 묻다니! 도대체 이해하기 힘든 물음이 아닌가. 대답 대신 슬쩍 웃음으로 넘겼다. 뜬구름 잡듯 모호한 화법에 어떻게 응답을 해야 하는가. 그 속마음을 나름대로 읽어볼 수밖에.

혹여 이런 질문은 아닐까. 삶에 지쳐 있을 때 힘이 되어준 벗이 누구인지, 방황할 때 위로가 되어준 그 친구들은 지금 어떻게 지내는지? 험한 삶의 길을 지나온 내게 묻고 있다. 사람은 친구를 보면 알 수 있고, 인간관계에서는 겸손이 번서라 했었나. 아, 이런 것들이 다 속에 감춰져 있었구나, 순간 내세울 벗이 얼른 떠오르지 않는다. 여태껏 나는 어떻게 살아왔는가 하는 반성이 앞선다. 부끄럽다. 상대방의 입장을 이해하고 낮은 자세로 삶을 열심히 살았다면 벗들이 있지 않겠냐는 물음이리라. 어쩌면 이제라도 생을 그리 살라는 재당부이지 싶다.

상처 많은 나무가 아름다운 무늬를 남긴다고 한다. 인생도 상처와 고통을 견딤으로써 아름답게 거듭나는가 보다. 팔순을 넘어 미수(米壽)를 바라보는 그 모습이 여유롭고 훈훈하다. 끓여주는 향기로운 차 한 잔에도 정이 넘친다. 늦었지만 참 잘 왔다는 생각이다. 향기 머금은 어른의 따스한 정을 가슴속에 깊이 간직한 채 헤어졌다.

사모님은 그 얼마 후 세상을 뜨셨다. 바람 부는 날엔 문득문득 그립다.

얘야, 인동꽃을 보아라

초여름 어느 날이었다. 서녘에 벗들과 소주 한잔 마시고 집에 와보니 멀리서 누나가 와 계셨다. 뜻밖이었다. 칠순은 이미 넘겼고 팔순을 눈앞에 둔 누나다. 가끔 전화로 안부를 묻곤 했었는데 예고도 없이 오시다니.

사연인즉 숲이 우거진 동네에 사는 동생 보고파 왔다는 것이다. 나들이 좋아하는 누나는 이제 삶의 여유를 만끽하며 인생을 즐기신다. 아들딸 다 잘 키우고 얻어낸 자유랄까. 나와는 연령차가 꽤 있지만, 얼굴 풍경이 말해주듯 예나 지금이나 활달하고 스스럼이 없다. 어릴 때처럼 '누나'로 불러주길 원한다. 그래서 누나가 더 좋다.

속내를 털어낸 얘기로 지새운 그 밤은 짧기만 했다. 옛 시절이 얼마나 그리우면 동생을 찾아와서 그럴까. '며칠 머

묻고 가시라'는 권유에 고개 끄덕이며 산책길도 함께 걷겠단다.

늦은 아침, 함께 산책에 나섰다. 숲속 우거진 소나무 사이로 숨어드는 햇살이 곱다. 살랑살랑 부는 상쾌한 바람에 발걸음이 한층 가벼워진다.

산자락 따라 걷다 얼마 지나 들어선 들길. 무성한 잡초와 들꽃들이 나들이객을 유혹한다. 꽃향기가 온몸을 휘감는다. 돌담에 기어오른 가시넝쿨엔 찔레꽃이 눈꽃처럼 덮여 있고, 가장자리에는 덩굴을 타고 핀 인동초가 눈길을 옭맨다. 누나 눈동자가 반짝거린다.

나 보란 듯 꽃을 활짝 피워낸 인동초다. 놀랍게도 이 꽃은 '헌신적인 사랑'이란 꽃말이 붙어있다. 해독, 해열 등 여러 질병치료에 약재로 많이 쓰이는 덩굴식물이다. 꽃잎뿐만 아니라 줄기나 잎도 달여 마신다.

"동생아, 이 꽃 알지? 어린 시절이 기억나니?"

"그럼요. 그 꽃을 함께 땄었죠."

꽃 핀 돌담 길옆에 둘이 나란히 앉았다. 소꿉친구 만난 듯이 인동꽃을 반기는 누나의 눈빛. 어린아이처럼 글썽이는 눈물을 손으로 훔친다. 덩달아 나도 목울대가 뜨거워진다.

어릴 적에 나는 몸이 허약해 가족들의 속을 많이 태웠다.

아기 때는 줄곧 누나 등에 업혀 자랐다. 초등학교에 가서도 감기를 달고 살았다. 시골 중산간마을에서 학교까지는 꽤 먼 길이어서 마중 온 누나 손 잡고 오가길 밥 먹듯 했으니 얼마나 힘들었겠는가.

길가에는 이른 여름부터 인동꽃이 만발했다. 꽃향기 또한 그만이었다. 어머니가 기특하게 여길 만큼 누나는 그 꽃을 좋아했다. 풀꽃의 끈질긴 생명력을 느꼈을까. 하굣길에 둘이 함께 꽃을 따다가 말려 약초로도 팔곤 했다. 그럴 때마다 용돈이 두툼해져 좋았다.

어느 날, 누나가 팔짝팔짝 뛰면서 집에 왔다. 어데서 듣고 왔는지 인동초가 감기에 특효약이라는 것이었다. 어머니가 "그럼, 약으로 써보자."라고 하셨다. 그로부터는 그 꽃을 따 말려 감기약초로 썼다. 한동안 달여 마시자 감기란 놈이 내게서 어디론가 행방을 감춰버렸다. 날아갈 듯했던 기분과 그 기쁨, 지금도 생생하다.

한데 한치 앞을 모르는 게 세상일이다. 몇 년 사이에 아버님이 돌아가시고 얼마 없어 어머님도 세상을 뜨시고 말았다. 의지할 곳 없는 어린 여동생과 나는 눈앞이 캄캄해 왔다.

그때 선뜻 '친정동생 둘을 다 떠맡겠다.'고 나선 게 시집간 그 누나였다. 피붙이라는 혈육의 정 때문이었을까. 아니면 측은지심의 발로였을까. 매형도 흔쾌히 팔 벌려 감싸줬다. 세끼 먹기도 힘든 시절이었으니 주변에 깔린 불안의 먹구름을 예측이나 할 수 있었으랴.

때라도 맞춘 듯 누나는 아들 쌍둥이를 낳았다. 농사일을 하며 근근이 살아왔는데, 쌍둥이 키우는 모습은 '엄마도 울고 아이도 울어' 정말 눈물겨웠다. 두 아이를 품어 안아 젖을 물리면서 한숨을 쉬곤 했다. 쓰러질 것 같았지만 하소연할 곳은 어디에도 찾아볼 수 없는 형편이었다. 그런데 언제부터인지 한숨과 눈물짓는 그 안타까운 자태는 보이지 않았다.

"애야, 울지 마라! 인동꽃을 보아라."

꿈속 들길에서 만난 어머님이 울고 있는 누나를 달래준 말이었다. 이 한마디가 용기를 주었다고 훗날에야 들려줬다. 오호라, 그래서 그랬었구나. 유신시절 서른 살 젊은 나이에 직장에서 잘린 나를 보고, 누나는 "애야, 인동꽃을 보아라!" 하며 눈물로 위로했었지.

가녀린 덩굴에 달린 인동꽃이 오늘따라 더 곱다. 눈보라 치는 북풍한설에도 푸른빛을 잃지 않고 꿋꿋이 고통을 견뎌내는 인동 덩굴. 가녀린 덩굴이 말라죽지 않아 더 관심을 끈다. 산야와 계곡, 양지바른 인근 어디에서나 볼 수 있다. 나약해 보여도 겨울을 이겨낸다고 해서 인동초忍冬草라 이름 붙여진 꽃. 혹한을 참아내서인지 꽃내음이 퍽 향기롭다.

하얀 꽃이 하루 이틀이면 점차 노랗게 되니 금은화라고도 불린다. 흰 꽃이 노랗게 변하는 것은 벌 나비에게 옆의 다른 하얀 꽃을 찾으라는 신호. 수정受精을 끝냈다는 뜻이렷다. 꽃의 변색이 참으로 놀랍다. 언니꽃이 같은 뿌리와 덩굴에서 나고 자란 동생꽃을 위한 배려가 아닌가. 헌신적인 사랑이 속에 자리 잡고 있어야만 가능할 터다. 자연의 울림에 공감하지 않을 수 없다.

이제 보니 누나가 인동초를 닮았다. 시집살이에다 친정 동생들까지 떠맡아 살았으니, 짓누르는 삶의 무게가 얼마였으리. 포기할 수 없다며 연약한 생명의 끈 부여잡고 견딘 인내와 끈기 그리고 사랑. 주어진 운명 앞에서 자기 희생으로 일궈낸 보람이 당신의 오늘 아닐까. 오, 인동꽃 핀 길가에 앉은 누나 얼굴에 번져가는 저 온화한 미소!

누나의 삶과 사랑이 꽃바람 타고 향기를 풍긴다. 길가에 핀 인동꽃처럼.

그 한마디

"그래, 거기 나가는 게 좋을 걸."

바닷바람이 살갑게 속살거리는 듯했다. 상념에 잠긴 채 탑동 해변을 걷는 나의 고개도 그 속살거림에 끄덕거리고 있었다. 문학 강좌 초청에 '나이가 들었는데 어쩌나.' 하며 고민하다 유혹에 넘어가듯 큰맘을 먹고 말았다.

직장을 퇴직한 지 몇 달 지난 어느 날이었다. 그 문학 강의 모임에 참석했다. 수강하는 사람들이 몇 명 안 되는 소그룹이었다. 내가 제일 연장자였다. 좀 쑥스럽긴 하여도 예상했던 터라 견딜 만했다. 시詩 공부로 첫 시간이 시작되었다. 굳이 얘기한다면 나의 문학수업은 이때부터라고 할까. 시간이 지나면서 점차 분위기에 익숙해져 갔다.

문학 강의를 맡았던 그 시인은 고교시절의 같은 반 단짝이요, 인간미 있는 친구였다. 학창시절, 문예반 활동을 했지만 글쓰기를 잘해서라거나 욕심이 있어서도 아니었다. 문학서적을 읽고 얘기하는 가까운 벗들과 어울리는 게 그저 좋았을 뿐. 그 친구는 문예반원으로 시와 문학에 깊은 관심과 조예를 갖고 있었다. 대학시절에도 나의 전공은 문학과는 거리가 멀었다. 도서관을 드나들며 책을 읽는 게 고작이었으니.

졸업하자마자 취직을 하였다. 발령받고 처음에 시군조합 지도부서에 근무하게 되었는데, 언론홍보까지도 내가 맡았다. 웃어른인 직장장이 참석하는 관내 회원조합의 각종 행사에도 따라나녔다. 행사 때면 웃어른은 격려사나 축사를 하곤 했다.

누가 격려사나 축사를 쓰는 걸 맡을 것이냐가 문제였다. 그때까지 우리 팀에서 써왔다며 초년생인 내게 맡기는 게 아닌가. 사양해도 어쩔 수 없었다. 눈앞이 깜깜했다. 글재주도 없는 초보이니 이를 어쩌랴. 선배들이 썼던 글들을 찾아 흉내를 낼 수밖에.

"오 주임, 제법인데!"

나를 보며 '누가 썼느냐.'고 묻고 나서 던진 직장장의 한마디였다. 첫 작품인 격려사가 통과된 것이다. 어떨까 하고 긴장했던 내 얼굴은 순간 홍당무로 변했다. 최종본은 최고 책임자가 직접 고치는 게 다반사이다시피 했단다. 이것도 글이냐고 흉볼까봐 얼마나 가슴을 콩닥거렸던가. 웃어른에게 인정받은 것 같아 기쁘기 그지없었다.

윗사람의 칭찬 한마디는 일에 열정을 쏟게 한다. 신문을 스크랩하고 자료를 모으면서 글쓰기에 고민이었다. 직장장의 입장에서 그분다운 글을 쓰려 애썼다. 잘 쓰는 사람이 부러웠다. 글 쓰고픈 욕심이 마음속에 싹트기 시작한 걸까. 어쩌다 칭찬들을 때도 있었지만 만족스럽지 못한 경우가 허다했다.

글쓰기 위한 삼다법三多法은 많이 읽고, 많이 쓰고, 많이 생각하라는 것이 아닌가. 피눈물 나는 노력 없이 글을 썼으니 낯부끄러운 일이다. 글은 물 흐르듯 거침없어야 하는데, 문장의 구성이나 표현에 부족함이 허다했다. 그러니 그동안의 글은 문학적인 작품이라 할 수도 없었다.

나의 문학수업은 퇴직한 후에야 찾아간 그 모임에서부터 시작된 셈이다. 시인인 그 친구는 시를 주로 강의했다. '정감어린 글을 쓰려면 시를 감상할 수 있어야 한다. 문학은 왜 하는가? 인생체험이나 현상을 작품화하여 독자를 울리는 감동, 영혼을 촉촉이 적시는 울림 같은 그 무엇을 줄 수 있어야 한다. 짜임새 있는 구성, 형상화한 언어, 흥미 있고 박진감 넘치는 묘사가 필요하다. 추억의 바다에서 건져 올린 풋풋한 삶의 이야기는 훌륭한 글감이다. 좋은 작품은 독자를 행복하게 한다.'

그날 강의는 목말라하는 내게 시원한 냉수 한 사발 같았다.

매주 수요일이 기다려졌다. 글쓰기의 시작은 '무조건 쓰라'는 것이었다. 처음엔 시 감상문, 수필, 독후감 등을, 나중엔 소재나 주제를 줘 글을 써오도록 했다.

"아, 이거 괜찮은데!"

칭찬 한마디가 강한 자극제가 되었다. 표현하는 언어나 글귀 하나에도 고뇌하게 되었다. 글쓰기의 어려움을 실감하면서도 흥미는 더해 갔다.

얼마 후, 수필 등단소식에 더럭 겁이 났다. 모자람이 많은 내가 수필 신인상을 받을 줄이야! '내가 할 수 있을까.'라는 걱정과 '작가들을 욕되게 하지 않을까.' 하는 두려움이 앞섰다. 내 글에서 감칠맛 나는 언어의 손맛을 느낄 수 없어서다. 글벗이 등단축하로 선물한 '수필창작론'을 보며 시나브로 눈이 뜨여갔다.

수필과의 인연에 기쁘고 감사하는 마음이다. 자질의 모자람을 노력으로 때울 수 있다면 얼마나 좋으랴. 자연의 소리를 들으려 바다와 산과 들을 찾는다. 이론서나 좋은 수필을 탐독한다. 정확한 어휘를 사용해 간결하게 쓰려 애쓴다. 퇴고에 퇴고를 거듭한다. 재미를 붙이려 하나씩 배우며 조금씩 익혀 나가고 있다.

나의 문학수업은 진행 중이다. 수필을 사랑하고 있는 것인가. 바람이 나긋이 속삭인다. 아직 멀었으니 조급하게 서두르지는 말라고.

안개 속을 헤매다

만세동산에 올랐다. 산은 대자연이 빚어내는 진풍경을 먹고 사는가. 저 멀리 내려다보이는 도시는 안개구름의 바다다. 해무海霧가 솜이불처럼 시내를 덮고 있다. 바람 없는 맑은 날씨에 그 위로 펼쳐진 파아란 하늘은 신비감을 더 자아낸다. 몽환적인 풍경이요, 한 폭의 그림이다. 놓치고 싶지 않은 희한한 안개구름. 바라만 봐도 마음이 편안해진다. 낮에 한라산에서 저런 안개바다를 본다는 건 행운이다.

안개는 바람이 불지 않고 일교차가 심한 이른 아침에 나타난다. 한데 뜬금없이 여름철 대낮에 찾아드는 게 바다안개인 해무다. 장마철인 오뉴월에 흔하다. 비가 그친 오후 바닷가 쪽에서부터 숭얼숭얼 피어올라 시내로 깔린다.

변화무쌍한 게 안개다. 더없이 아름답고 환상적인 안개

가 인간의 정서와도 어떤 연緣을 맺고 있는 걸까. 방향이나 길을 못 찾아 헤매게 하는 주범이되, 드러내고 싶지 않은 부끄러운 것들을 덮어주기도 하고 초라한 이를 감싸주기도 한다. 내게도 그랬다. 세월의 물살에 가뭇없이 휩쓸려 숨죽인 듯 갇혀졌던 옛 추억들이 산길에서 내 위로 쏟아진다. 안개 속에서 허우적거리던 내가 보인다.

직장의 중견간부였던 내 나이 사십대 초반 때였다. 뜻밖에 일선 시군지부에서 이동발령을 받고, 도본부 관리부서 책임자로 부임하자 돌연 우울증이 찾아들었다. 발령을 받고 다소 들떴었는데 막중한 책무와 주변의 기대감이 버거워서였을까. 아니면 상사의 신뢰를 잃을 만큼 우유부단하고 활달치 못한 내 성격 탓이었을까. 사업추진 스타일이나 상황인식이 서로 비슷해야 하는데, 종종 엇박자를 치곤 했다. 업무는 실타래처럼 뒤엉키기 십상이었고, 상사는 이를 예상치 못한 듯 당혹한 기색이 역력했다.

걷잡을 수 없는 엉뚱한 일을 벌일지도 모를 만큼 우울증은 점점 심해졌다. 안개 속을 헤매듯 갈팡질팡했다. 다 귀찮다는 생각뿐, 일에 의욕을 잃어갔다. 어딘가에 갇혀 있는 것 같아 몸과 마음이 무거웠다. 몸서리치는 고독에 하루가 다르게 말수도 줄어들었다. 육신의 짓눌림으로 오는 허리통증은 걷기도 버거울 정도였다.

"아, 이런! 상태가 좀 심각하군. 먼저 주변 환경부터 바꿔

야 해요."

전문의사와 상담을 하니 고개를 갸우뚱거렸다. 원하는 것을 갖게 된 후 그것이 자신을 만족시켜 주는 게 아니라는 걸 알게 된다면, 애당초 얻지 못함보다 더 나빠질 수 있다고 했다. 나의 욕심이나 공명심이 그리 컸더란 말인가. 이동 후 6개월도 안 된 때였다. 예상 밖의 도중하차. 자의로 사표를 쓴 것은 입사 후 이십 년 만에 처음이었다. 내 인생길이 이렇게 꼬이다니! 사무실을 나서니 안개가 자욱했다. 길을 찾지 못해 흔들거리는 나를 바다안개가 감싸 안으며 가엾다고 어루만져 주는 듯했다.

며칠 지난 어느 날, 직장동료가 느닷없이 찾아왔나. 제출한 사표가 반려됨과 동시에 일선 사무실로 발령 난 것을 알려주는 게 아닌가. 무능력자라는 자괴감이 온몸을 흔들었다. 인사시기도 아닌 후덥지근한 장마철, 길을 헤매다 구덩이에 빠져서 나오지도 못하고 발가벗겨진 셈이었다. 숨고 싶은 마음뿐. 꿈속을 가듯 탑동 바닷가를 걸었다. 그날도 메마른 영혼을 위로해 주려 안개를 뿌려놓은 듯, 짙은 해무가 깔려 있었다.

생각만 해도 염치없는 일이었다. 내가 밉고 한스러웠다. 우울증은 '자신을 위한 삶이 무엇인지 진지하게 고민해 보라'는 절박한 메시지였지 싶다. 길을 잃고 안개 속을 헤매는, 우직하게 일에 매달려온 볼품없는 나의 초상肖像이 보였다.

드디어 새 출발! 주말이면 혼자 산행에 나섰다. 그러다 보니 산행이 즐거웠고 좋아졌다. 삶에 대한 희망과 의욕이 서서히 솟구쳐 올랐다. 복잡한 생각과 감정을 비우게 했다. 산은 나를 도닥이며 품어주었다. 산허리를 금실금실 감돌며 낭만적인 분위기를 자아내는 안개! 가끔씩 운무雲霧에 휩싸이는 산은 그야말로 멋지고 아름다웠다. 자연 속에 푹 빠져들었다. 우울증도 어디론가 자취를 감춰버렸다.

우울증은 걱정과 두려움을 먹고 산다는 걸 체험했다. 욕심이 많으면 결과를 두려워하게 되고, 두려움은 또한 피로와 외로움에서 생겨난다. 그걸 벗어나려면 휴식이 필요하고 좋은 벗이 가까이에 있어야 한다. 과욕을 버리고 영혼의 힘을 키우는 게 우선. 안개 자욱한 산과 바다, 대자연은 내게 휴식을 선물하고 영혼을 달래주는 인생길의 벗이었다.

몇 해가 지나 또다시 도 본부로 발령이 났다. 자존심을 찾을 기회를 준 것이다. '마지막 기회다.'라는 각오로 업무에 임했다. 준비가 좀 된 걸까. 길을 잘못 걸었던 경험이었지만, 흐름을 알고 차분해져 일이 차츰 수월하게 풀려나갔다. 마음이 한결 가뿟해졌다.

앞길이 어렴풋했던 그때가 이제 그립다. 나를 감싸준 일선 선배의 포용, 다시 기회를 준 상사의 배려, 힘내라고 도와준 동료들의 위로와 격려를 잊을 수 없다. 이 모든 인연에 감사할 뿐이다. 그분들은 나의 의지할 기둥이요, 견뎌낼 힘이었다. 방황하던 못난이를 붙들고 힘과 용기를 실어주려니 얼마나 힘들었으랴.

내려오는 산길. 자욱한 운무가 나를 휘감는다. 안개야, 너도 정말 고마웠어!

4부

토성 밖에 샘물 있었네

그 손짓에 마음이 머물고
조각구름의 날갯짓
이상한 하루
고추를 심었더니
토성 밖에 샘물 있었네
고향 포구에서
털머위가 속삭이듯
수루에 올라
설한풍 불었는데
12월에 받은 편지

그 손짓에 마음이 머물고

아가씨 둘이 꽃구경하며 서 있는 모습이 눈에 잡혔다. 무성한 초록더미에 묻힌 싱그러운 숲속이다. 바위 틈새로 피어난 꽃을 보며 신기해하는 눈길을 따라 잡으니 초록 잎 속에 무리지어 핀 꽃에 머문다. 산수국이다. 제철을 만난 듯 꽃을 활짝 피워냈다. 산들바람에 꽃잎이 한들한들 춤을 춘다. 파르르 손짓하는 품새가 눈길을 끌 만큼 아름답다. 아가씨들이 꽃과의 밀어를 나누는 걸까.

"저 하얀 꽃잎에 보랏빛 꽃 좀 봐! 어찌 저리도 고울까?"

산수국은 곳에 따라 여름 내내 피고 진다. 요사이처럼 장마 때면 한창이다. 깊은 계곡이나 산과 들길에서 지천으로 볼 수 있는 야생화다. 자연의 섭리로 빚어낸 멋진 작품이랄까. 특이한 생김이 매혹적이다.

꽃 색깔도 여러 차례 바뀐다. 흰색에서부터 연한 자주색, 연분홍색, 청색 등 다양하다. 때맞춰 색깔이 변하는 게 매력이다. 살아남기 위한 적응인가. 토양에 따라 색상의 변화를 꾀하는 꽃. 한여름 숲속에서 산수국처럼 풍성하고 화려한 꽃도 드물다.

본디 이 꽃은 화려하고 아름다운 꽃은 아니었지 싶다. 꽃이 눈에 잘 띄지 않는데다 향기마저 진하지 않은 작은 꽃이 여럿 모여 덩이를 이루고 있다. 접시를 엎어놓은 모양이다. 벌 나비들이 지나칠까봐 걱정이었나. 참꽃 주위로 크고 화려한 헛꽃을 피워낸 것이다.

"꽃잎이 침 보드랍네요. 매달린 이슬은 은방울 같아!"

함초롬히 이슬 머금은 헛꽃 잎을 만지작거리는 아가씨의 눈이 둥그레진다. 숲길 옆 바위 주위에 곱게 핀 산수국. 지나는 이의 눈총을 끌고 있다. 보랏빛 작은 꽃들이 진짜 꽃이고 둘레에 크고 아름다운 꽃은 가짜 꽃인 헛꽃이다. 헛꽃을 보고 진짜 꽃으로 착각하기 십상이다. 화려한 헛꽃에 비하면 참꽃은 보잘것없어 보인다. 그런데 자세히 보면, 별모양의 작은 꽃잎에 더듬이처럼 생긴 수술들이 모여 이색적인 아름다움을 감추고 있다.

꽃의 가장자리에 피는 헛꽃은 꽃잎 모양새가 클로버 잎 같다. 씨앗을 품을 수 없는 가련한 꽃이다. 꽃술이 없는 무성화無性花요, 위화僞花임이 안타깝다. 하지만 화려함과 아름다움을 뽐내며 보는 이의 사랑을 독차지한다.

가만히 지켜보고 있노라니 산수국 꽃에 뭔가 날아든다. 개미만큼이나 작은 벌과 나비들이다. 녀석들은 향기 없는 헛꽃은 본체만체한다. 다만 첫 눈길을 줄 뿐이다. 헛꽃의 유혹으로 날아든 게 분명한데, 보랏빛 작은 참꽃에만 몰리고 있다니!

허허실실, 자연의 오묘한 이치가 놀랍기만 하다. 살아남기 위한 생존전략이 기막히다. 참꽃의 암술과 수술이 워낙 빈약하여 곤충들의 눈을 끌지 못하자 유인책을 마련한 것이 아닌가! 헛꽃을 피워내 벌 나비를 유인토록 말이다. 무늬만 꽃인 가짜 꽃으로.

헛꽃의 아름다움이 산수국을 저토록 고운 꽃으로 만들고 있다. 화려한 요정 같다. 멋진 옷으로 바꿔 입듯 꽃 색깔을 수시 다양하게 바꾼다. 헛꽃과 참꽃 색상의 아름다운 변화다. 아무리 아름다운 색깔도 단색은 단조롭기 마련이지. 그림을 그리는 사람은 색을 또렷하게 표출해내려 배색 작업에 상당한 시간을 할애한다고 한다. 색의 변화와 어울림이 단조로움을 벗어나게 하기 때문일 터이다.

아쉽지만 참꽃이 수정을 하고 나면 헛꽃의 임무는 끝이다. 할 일을 마친 헛꽃은 하늘을 보고 있던 꽃잎마저도 땅쪽으로 온전히 뒤집는다. 꽃 색깔도 퇴색해지면서 생을 서둘러 마감하고 만다. 자기에게 오는 자양분을 되돌려 참꽃이 열매를 맺는데 쓴게 하기 위함이리라. 희생은 사랑이 있어야만 가능한 일이 아닌가. 헛꽃의 헌신이 참으로 숭고하다.

요즈음 시중에서의 화두는 더 살맛나는 사회공동체로의 '아름다운 변화'다. 활짝 핀 산수국을 보며 생명체에 대한 생각이 깊어진다. 산수국의 아름다움은 과연 어디에서 오는가. 다양한 색상의 어울림과 아우름, 자기희생과 사랑이 바탕에 깔린 게 아닐까.

인간 공동체는 남과 더불어 사는 사회다. 나 혼자만은 아무것도 이뤄낼 수 없다. 공동생활에서 아우름과 어울림은 필수다. 살맛나는 공동체를 만들기 위해 무엇보다 포용력과 추진력을 두루 갖춘 지도자가 나왔으면 좋겠다. 자기를 희생하고 전체를 위해 헌신할 줄 아는, 실천력 있는 지도자가 '아름다운 변화'의 중심에 서야 한다. 이것은 간절한 우리의 소망이다. 훌륭한 지도자의 선택은 우리의 몫이요, 책임이기도 하다.

신비로운 생명이 저마다의 소리와 빛깔로 살아 꿈틀대고 있는 숲속. 산수국 꽃잎에도 햇살이 반짝거리고 있다. 뿜어내는 초목의 향기와 맑은 공기가 코끝에서 오장으로 깊숙이 스민다. 살랑대는 바람결에 헛꽃이 손짓하고 있다. 그 손짓에 마음이 머문다.

조각구름의 날갯짓

지난여름이었다. 소련 연방체제가 무너진 지 이십여 년이 지나서다. 어릴 적 책 속에서 배웠고 머릿속에 그렸던 나라 러시아. 지금은 어떤 나라인지 궁금했다. 과연 얼마나 변했을까. 평화가 깃든 나라일까. 호기심과 궁금증이 모스크바를 찾게 했다.

모스크바는 러시아의 수도요, 심장이다. 한때는 동유럽의 중심이기도 했다. 초행길이라 으레 낯이 설 수밖에 없다. 나의 뇌리엔 차갑고 딱딱한 도시로만 그려져 있었다.

소문난 '아르바트 거리'에 들어섰다. 러시아의 예술가들이 한때 이곳에 살면서 낭만이 풍미했고 문학적 영감을 키웠다는 거리다. 숱한 옛이야기가 곳곳에 살아 호흡한다. 말 그대로 예술의 거리요, 젊은이의 거리다. 화가는 그림을 그려주고, 악사는 기타를 치며 노래한다. 즐비한 레스토랑과 선물가게, 거리를 장식하는 아마추어 예술가들의 작품도 눈요깃감이다. 어우러져 거니는 사람들이 물결처럼 출렁인다. 양옆으로 늘어선 건물 또한 고풍스럽다. 이 거리가 옛 냉전시대에도 정말 있었던가. 생각이 혼란스럽다.

대문호 푸시킨의 동상이 눈앞에 다가선다. 좋은 문학작품은 나라와 이념을 가리지 않는다고 했다. 냉전하면 먼저 차디찬 얼음을 떠올려온 내가 아니던가. 곤고한 삶을 보듬는 푸시킨의 시 한절이 떠오른다.

> 삶이 그대를 속일지라도 슬퍼하거나 노하지 말라.
> 설움의 날을 참고 견디면 기쁨의 날이 오리니

이 시구詩句처럼 시방 얼음이 녹아 따뜻한 계절을 불러들인 것일까. 우리에게 주는 위로와 환영의 선물 같다. 혼란스러움은 눈에 띄지 않는다. 자유가 물결치는 개방의 시대를 앞질러 내다본 것 같은 그의 혜안에 감탄하지 않을 수 있으랴.

놀랍게도 러시아의 심장, 모스크바는 뜨겁게 뛰고 있었다. 관광객들로 만원이었다. 러시아 문화의 정수 크렘린 궁전, 나폴레옹 전쟁에서 승리한 것을 기념하는 개선문과 승전기념탑, 도심을 흐르는 모스크바강, 이루 말할 수 없는 아름다운 경관과 역사의 현장은 여행객을 부르기에 충분했다.

뜨거운 모스크바 붉은광장을 거닐던 8월의 그날, 정오가 좀 지난 시간이었다. 많은 사람들이 경탄하는 소리가 들려왔다.

"서편 하늘에 저것 좀 봐. 우리에게 날갯짓하고 있잖아!"

여럿이 가리키는 창공을 올려다보는 순간 나는 깜짝 놀랐다. 희한한 광경을 목격한 것이다. 하늘에 엄청나게 큰 새 한 마리! 꿈을 꾸는 것 같았다. 분명 신기루는 아닐 터. 울렁이는 마음을 가라앉히고 찬찬히 바라보았다. 하얀 조각구름이 아닌가. 거대한 새가 하늘을 날아오르는 형상과 영락없이 닮았다. 아, 바람 따라 날갯짓한다! 무슨 표징일까? 가만히 보노라니 마음이 평화로워진다.

구약성서 창세기편이 떠오른다. 하느님께서 하늘과 땅 사이에 계약의 표징으로 무지개를 두었다고 했다. 홍수에서 구원된 노아와 맺은 하느님의 계약, "땅을 멸하지 않으리라."는 인간과의 약속의 표징이 바로 무지개였다. 평화를 상징하는 새 비둘기도 거기에 등장한다. 신은 타락한 인간을 벌하려 대홍수를 일으키고, 믿음이 깊은 노아의 가족과 가축만을 방주에 타도록 했다. 비가 멎자 노아는 물이 빠졌는지 보려고 비둘기를 날려 보냈다. 한참 후 비둘기는 올리브 잎을 물고 돌아왔고, 그 후로 평화를 상징하는 새가 됐다.

평화란 분쟁과 다툼이 없이 서로 이해하고 우호적이며 조화를 이루는 상태다. 분명 인간은 평화를 누릴 권리가 있다. 지금 모스크바 이곳에 평화와 자유의 물결이 밀려들고, 변화의 바람이 불고 있잖은가. 저 조각구름은 평화와 희망을 나르는 상서로운 표징 같다.

사실 평화의 표징을 짐작키란 쉽지 않다. 1990년대 초, 제주에서 최초의 한·소 정상회담이 열렸었다. 뜻밖에 불어닥친 평화의 바람이요, 역사적 사건이었다. 그해 남북한이 동시 유엔가입도 이뤄진 것. 동서화해의 시발점이 된 그 따스한 바람은, 제주를 평화의 섬으로 부각시켰다. 흐르는 구름 한 조각이 '바람 불던 그날의 감동'을 되살려주고 있다.

창공의 조각구름이 우리에게 날갯짓하다니! 경이로운 메시지가 아닐까. 가까운 언젠가 '한반도에 평화통일이 온다.'는 날갯짓이라면 참으로 좋겠구나. 한반도에 함께 가면 어떠하겠느냐. 카메라에 조각구름을 담느라 모두 야단법석이다.

우리는 외세의 압박 속에 고단한 삶을 살면서도 이웃이 큰일을 당하면 함께 걱정하는 생활문화 속에 살아왔다. 손이라도 따뜻하게 잡아주고 오는 게 우리네 미풍양속이다. 분단조국의 고통을 받고 있는 현실에서, 옛 소련의 변화를 나름대로 상상하며 우려와 호기심 속에 여길 찾아오지 않았던가. 마음 겉치레 같아 부끄럽기 그지없다. 러시아의 힘든 모습은 보이지 않았다. 궁금증을 갖고 어려운 상황을 그려온, 잘못 인식해온 내가 되레 안쓰럽다.

러시아에서의 그날은 뜻 깊은 하루였다. 하얀 조각구름이 포근함을 안겨주고 희망을 심어주었다. 통일의 날은 언제면 올까. 남북으로 갈린 조국, 북녘 땅을 생각게 했다. 지금도 조각구름의 날갯짓을 잊을 수가 없다.

이상한 하루

산책과 등산은 일상생활 중의 하나요, 취미가 되어버렸다. 주기적으로 적당한 운동을 해야 하는 나이에 이보다 더 좋은 운동은 없으리라는 생각이 든다.

한라산을 오르기로 한 아침이다. 오늘은 어리목 짧은 등반코스를 선택한 날이어서 여유롭다. 홀가분한 기분으로 가볍게 등산장비를 챙겼다.

전에 없이 "차 조심하고 잘 다녀오세요."라는 아내의 인사말을 들으며 집을 나섰다. 좋은 날씨에 산들바람이 불어 기분이 상쾌하다. 콧노래가 절로 난다.

차는 도깨비도로를 지나 왕복 2차선의 한쪽 차선을 달리고 있다. 반대 차선에 작은 들개 한 마리가 놀고 있는 것이 보인다. 한데 녀석이 갑자기 달리는 내 차선으로 후닥닥 달려드는 게 아닌가. 눈 깜짝할 순간이었다. 내 차선 쪽에 서 있는 어미개를 미리 못 본 게 탈이었다고나 할까. 새끼개가 달려오는 내 차를 보고 놀라, 분별없이 어미 있는 쪽으로 달린 것이리라. 엉겁결에 브레이크를 밟으니 굉음을 내며 차가 멈췄다. 개를 치지 않아 천만다행이었다. 놀란 가슴만큼이나 안도의 한숨이 휴우~ 하고 쏟아졌다.

어미개가 우두커니 서서 이 광경을 물끄러미 지켜보고 있었다. 그 순간, 한눈도 팔지 않고 지켜선 두려움 없는 어미개의 무서운 눈빛을 나는 보았다. 섬뜩했다. 어미가 도망치지 않고 새끼를 지켜선 것. 꿈쩍도 하지 않는 그 자세는 모성적 본능이 아니라면 상상할 수도 없는 일이잖은가. 어미개의 행동은 분명 본능적이었지 싶다.

내 이마에는 땀이 흠뻑 배어 있었다. 잠시 후 어미는 새끼를 데리고 유유히 멀리 사라져 갔다. 새끼는 하나밖에 없는 자기 목숨을 건진 것이다. 개와 같은 미물이나 풀꽃들도 생명을 가진 존귀한 존재임에 틀림이 없다.

등산길에 그리운 어머니가 떠올라 만감이 교차한다. 산을 오르면서도 가을 산의 정취가 여느 때처럼 몸과 마음으로 느껴지지 않는다. 새끼의 분별없음과 어미의 본능적 모성을 생각하면서, 기억에서 사라진 듯했던 어릴 적 일이 스쳐간다.

어머니는 이모보다 나이가 열 살 아래였다. 두 자매가 한 동네에 살았는데, 언니가 시집온 이웃마을로 어머니도 시집을 와서다. 이모네는 마을에서 둘째라면 서러울 만큼 부자였다. 동생네 살림 형편을 알고 음양으로 도와주었다. 어머니는 이모 댁에서 품삯으로 좁쌀을 받아오기도 하고, 춘궁기엔 양식을 빌려와 나중에 일을 거들어줘 갚곤 하였다.

잘사는 언니와 가난한 동생. 어머니는 같은 마을에 살며 얼마나 마음 상했을까마는 그런 내색을 하지 않았다. 오로지 자식을 굶기지 않고 먹여 살리려는 일념뿐이었다. 봄이 되면 보리수확을 기다리다 익지 않은 보리를 먹기도 했다. 소위 말하는 보릿고개다.

이모 댁에는 아주 큰 개가 있었다. 어머니 손 잡고 이모 댁에 가면 개가 어떻게나 짖어댔는지. 이웃사람들이 "가난한 동생이 언니 댁에 오늘도 찾아오는구나!" 할까봐 어머니는 이 개를 늘 조심스러워했다. 개 짖는 소리에 속상해 하셨다. 부잣집이니 도둑을 지키는 무서운 개를 길렀고, 쌀 창고에 쥐 피해를 막으려 고양이도 길렀다.

이모네처럼 우리도 개와 고양이를 키우고 싶었다. 갈 때마다 이모에게 졸라댔다. 사정사정하여 얻은 새끼 고양이와 강아지는 우리 집에 오자 죽고 말았다. 두 번씩이나 그런 일이 생겼다. 어린 나는 어머니 속만 상하게 했다. 어머니는 우리 집 앞에 돌동산이 있어 개와 고양이는 살지 않는다며 나를 달랬다. 먹이를 잘 먹지 못했으니 그 녀석들이 죽을 수밖에. 그 잠재의식이 남아서일까. 나는 지금도 개나 고양이는 질색이다.

산행 마치고 집에 오니, 아내는 집안청소를 하고 있었다. 일을 하다 말고 나를 반긴다.

"화창한 가을 날씨라 산행이 참 좋았지요?"

추석이 가까워와, 서울에서 애들이 오기 전에 대청소를 한단다. 신발장 앞엔 청소하며 묶어 놓은 종이 상자랑 폐휴지 더미도 쌓여 있었다. 미안한 마음에 일손을 도와야겠다는 생각이 들었다. 쓰레기와 상자묶음을 들고 내려가 작은 창고문을 열었다. 그 순간, 야~옹 야~옹 가냘픈 새끼고양이들의 울음소리가 나를 깜짝 놀라게 했다. 쌓아둔 상자더미 속 어딘가에서 들려오는 울음소리. 창고문을 잘 닫지 않는 것을 안 들고양이의 작품이 분명했다.

이 녀석들을 찾아내 던져버리고 창고를 정리할 것인가. 아니면 가만히 놔뒀다 얼마 지난 후 어미와 함께 멀리 가게 할 것인가. 아침 등산길 사건이 눈앞에 어른거려 망설여졌다.

창고 문을 열어두기로 했다. 녀석들도 운 좋게 소중한 목숨을 건진 거였다. 어미 들고양이도 어디선가 이 광경을 지켜보고 있을까. 두리번거리며 옆을 돌아보니, 언제 내려왔는지 아내가 옆에서 씨~익 웃고 있었다.

아, 어머니! 그리움에 사무친 참 이상한 하루다.

고추를 심었더니

창가에 앉으니 햇볕이 제법 따갑다. 창문을 열어젖히자 동네 학교 운동장에서 왁자지껄한 소리가 들린다. 어린이 운동회 응원 소리인가, 아니면 열띤 선거를 알리는 사전 울림인가. 그 열기만큼이나 오월이 뜨겁게 느껴진다.

소소한 일거리가 내게 생겼다. 옥상을 오르내리며 채소를 가꾸는 일이다. 몇 년째다. 바다와 산이 환히 보이는 옥상에 오르면 마음도 탁 트인다. 오월에 모종을 심는 일로 옥상 채소밭은 문을 연다. 잎 끝에 매달린 물방울은 반짝이는 햇살에 영롱한 은방울로 변한다. 아침마다 물 주며 시나브로 자라는 채소를 보노라면 근심걱정도 잊고 만다.

몇 년 전 지금 사는 집을 지었다. 방열공사가 잘 안 되었는지 여름이면 옥상에서 뜨거운 태양열이 천정을 타고 집

안으로 거침없이 전달되었다. 에어컨을 싫어하는 내가 아니던가. 나의 공부방도 열을 받아 고민이 이만저만 아니었다.

그러던 여름 어느 날이었다. 반모임에서 잘못된 방열설계를 하소연하며 더위 타령을 하자, 이웃 아주머니가 옥상에 텃밭을 만들어 채소를 가꿔 보라고 권하는 것이었다. 옛날 토담집 얘기를 들으니 그럴 듯했다. 봄이 오자 바로 실행에 옮겼다. 여러 상자에 흙을 담아 채소를 심으니 옥상텃밭이 되었다. 채소는 주인 정성을 아는지 잘 자랐다. 방열도 되고 싱싱한 채소도 얻을 수 있어 좋았다. 그야말로 꿩 먹고 알 먹고요, 일거양득이었다.

채소농사는 무엇보다 좋은 모종을 골라야 한다. 지난해에는 오일장에서 모종을 사다 심었다. 고추모종은 이웃 그 아주머니가 준 것이었다. 순한 고추와 매운 고추로, 모종을 구분해 주는 게 사려 깊은 여인이었다. 나는 매운 고추를 아내와 애들은 순한 고추를 좋아한다. 그러나 달린 고추는 전혀 예상 밖이었다. 어찌 된 일인지 모두 매운맛이었으니.

"순한 고추는 없던데요. 모종이 전부 매운 고추였나 봐요."

옥상 고추농사 얘기를 했다. 이야기를 듣고는 자기의 농사체험을 말하며, '주의사항'을 빠뜨렸다고 아주머니가 씩 웃는 게 아닌가.

"바람을 타니까 가까이 심으면 순한 고추도 매운 고추가 되고 말지요."

고추가 바람을 탄다고? 아, 그럴 수가! 재배법을 잘 알았어야 하는 건데, 부끄러웠다. 평생 배우며 인생을 살아간다는 옛 어른들 말이 생각났다. 경험이 소중하다는 걸 느꼈다.

'함께 놀면 물든다.'고 한다. 매운 고추와 순한 고추를 가까이 심으면 순한 고추가 매운맛을 내고 만다. 고추라는 조상의 뿌리가 같은 데다 곁에서 바람을 타니까 물들 게 마련이라는 것이다. 자연의 이치요, 조화가 아닌가. 한데 매운 고추는 순한 맛을 내지 않고, 순한 고추만 매운맛을 내니 희한한 일이다. 이유가 뭘까. 본디 매운 게 근본이고 우성優性이어서 순한 녀석이 매운 물을 드는 게 아니겠는가.

천진난만한 아이는 이처럼 바람 잘 타고 주변 환경에 물들기 쉽다. 어릴 적 환경이나 교육은 인생을 좌우한다고 해도 지나치지 않을 것이다. 맹자의 어머니는 자식을 위해 세 번이나 집을 옮겼다고 한다. 본받아야 할 가르침이다. 어린 자녀들이 근본 있는 좋은 친구와 벗하기를 바라는 소이연도 여기에 있을 것 같다.

민주주의의 꽃인 선거의 계절이 다가왔다. 지방의 정치인을 뽑는 선거다. 온 지역주민이 참여하는 잔치요, 축제의 장이 돼야 한다. 힘들어 하는 이들에게 희망과 웃음을 줄 사람, 주민을 위하고 지역발전을 이룰 수 있는 훌륭한 지도자가 뽑혔으면 좋겠다. 이 꽃 피는 오월에 치르는 지방선거에 기대가 크다. 물론 누구를 뽑느냐는 선택은 우리의 몫이다.

정치에도 중요한 게 뿌리라고 한다. 어느 중진급 정치인은 '바람만 타는 정치인은 쓰이고 버림받기 쉬우니 뿌리를 튼튼하게 해야 한다.'고 했다. 왜 아니겠는가. 그래도 변덕스런 날씨처럼 바람을 무시할 수도 없다니, 정치인이 되기가 쉽지는 않나 보다.

봄이 예년과 다르다. 유난히도 변덕스럽다. 강풍이 불고 비가 오다가 갑작스레 햇살이 쏟아진다. 사월에도 날씨가 영하의 겨울처럼 춥다가 어느 날엔 한여름처럼 무더웠다. 하늘과 땅이 바람 타고 있는 건 아닐까. 지진으로 지구가 몸살을 앓고, 화산재로 하늘 길까지 막히기도 했다. 나라 안팎도 어수선하다.

하지만 계절의 변화야 막을 수 있겠는가. 숲과 계곡엔 새소리 물소리 들리고 파릇한 새싹들이 계절을 노래하고 있다. 들에는 청보리 물결이다. 산과 들이 온통 녹색으로 물들었다. 어렵사리 찾아온 오월이 벌써 여름을 준비하고 있다.

옥상의 채소농사를 서둘러야 되겠다. 고추모종은 바람 타지 않게 거리를 두고 심으련다.

토성 밖에 샘물 있었네

유월 조순. 이른 여름답지 않게 무덥다. 들판엔 보리 마늘 수확이 막바지다. 가뭄이라 할 만큼 계속되는 청명한 날씨가 농부들에겐 얼마나 반갑겠는가. 논농사에는 강수량이 부족하여 꽤나 걱정일 테지만.

항파두리 가는 숲길에 들어서자 시원해지는 느낌이다. 맑은 기운이 온몸을 파고든다. 우거진 소나무, 한들거리는 무성한 잡초, 돌담에 기어오른 파란 넝쿨, 형형색색의 들꽃들이 이채롭기 그지없다. 인동초도 호국보훈의 달 유월을 기리는 듯이 때맞춰 꽃을 피웠다. 살짝 코끝을 스치는 꽃내음이 향기롭다.

보슬비가 메마른 땅 적시듯 숲은 인간의 마음을 촉촉하게 해준다. 사색을 선물하는 숲길이 있어 더욱 좋다. 올레길 따라 결사호국과 제주의 애달픈 역사, 고려시대 삼별초의 발자취를 찾아 걷고 있다. 조금 걸으니 토성인 항파두성이 보인다.

이 성은 십삼 세기 말엽, 몽골의 침략에 맞서 끝까지 항거한 고려무인의 정서가 서린 곳, 삼별초군의 마지막 보루였던 항몽 유적지다. 성의 좌우로 소왕천과 고성천이 있어 지형적으로도 군사요충지로 그만이었나 보다.

항파두성은 수십만 평의 타원 모양을 갖춘 드넓은 곳이다. 삼별초의 호국정신을 높이 평가하여 그들의 넋을 기리고자 1970년대 말 정부에서 여기에 항몽순의비를 세웠다. 칠백여 년 동안 헤매던 넋이 민족사에 햇빛을 보게 된 것. 이후 연차사업으로 토성 일부를 복원해 오늘에 이르고 있으며, 지금도 계속되고 있다. 국가 지정 사적지다.

더위를 날릴 겸 바람 부는 항파두성 위에 올랐다. 남쪽으로는 우뚝 솟은 한라산이요, 북쪽에는 시원한 바다다. 눈앞이 훤하다. 주변은 듬성듬성 나무숲이지만 멀리서도 성이 보일 정도로 지대가 높다. 성 위를 걸으며 옛 항몽의 자취를 더듬는다.

일찍이 유럽과 아시아대륙을 거의 정복한 몽골은, 고종 때부터 삼십여 년 동안에 일곱 차례나 고려를 침략하였다. 조정에서는 몽골군을 상대로 강화도로 천도하며 저항했으나 원종에 이르러 마침내 굴복, 개경으로 환도하고 말았다.

그 분통함이야 오죽했으랴.

이에 삼별초군은 배중손 장군을 중심으로 강화도에서 대몽항전을 결의하여 싸움은 계속된다. 이후 진도의 용장성을 근거지로 항전하지만 여몽연합군에 성이 함락되고 배중손 장군마저 전사한다. 그러자 김통정 장군이 잔여부대를 이끌고 원종12년(1271) 탐라에 들어와 항파두리에 토성을 쌓고 항전준비를 서둔다. 이 성은 흙으로 쌓았음에도 이제까지 원래 모습을 잃지 않고 있다. 그들의 기개를 보여주려는 듯이.

탐라 제주에는 돌과 바람이 많다. 한데 왜 견고한 석성石城이 아닌 토성을 쌓았을까. 성을 쌓는 병사와 민초들의 고충을 헤아린 것일까. 아니면 다른 사연이 있었을까.

바람이 제법 세다. 성 주위의 흙먼지가 뿌옇게 바람타고 흩날린다. 아랫마을이나 바다 쪽에서도 먼지 날리는 광경이 환히 보일 것 같다.

삼별초군은 지역주민에게서 세금을 거두지 않았다. 대신 재災와 빗자루를 받아, 토성 위에 재를 뿌리고 말꼬리에 빗자루를 메달아 먼지를 일으키며 달리게 했다 한다. 고개가 끄덕여진다. 아, 그랬었구나! 재 뿌린 토성, 달리는 말에 바람이 말갈기 흩어 올리면 구름처럼 먼지가 일었으리라. 적은 병력으로 삼 년 가까이 버텨낸 작전, 수많은 병사들이 훈련하는 것으로 착각토록 한 오묘한 그 위계僞計가 놀랍다.

드디어, 원종14년 김방경 장군과 몽골 장수 홍다구가 이끄는 여몽연합군이 탐라정벌에 나섰다. 삼별초보다 무려 열 배가 넘는 군사와 배를 동원한 총공격이었다. 삼별초군은 겨우 천 명 남짓한 군사로 처절하게 싸웠으나 결국 패하고 말았다. 삼별초 용사 전원이 순의殉義한 것. 이로써 항쟁은 그해 사월에 막을 내렸다. 하지만 세계강대국 몽골군과 맞서 끝까지 목숨 바쳐 항쟁함으로써 고려 무인의 기상과 자주호국의 결의를 만방에 드높인 것이다. 옷깃이 여미어진다.

그 항쟁 이후, 공민왕 23년(1374)까지 몽골의 백 년 제주 점거는 엄청난 수난이었다. 오, 찢겨지고 할퀴어진 그 상처! 몽골의 오랜 핍박에 민초들은 얼마나 많은 아픔과 희생을 겪었던가. 당한 수모 또한 얼마였더냐. 반면에 낙후 고립됐던 섬에 고려의 개경문화와 앞선 세계문화가 도입되는 계기가 된 셈이다. 제주문화의 한 전기轉機가 되었다 하리.

어느새 정오를 훌쩍 넘어섰다. 더위에 목말라 물을 찾아 나서니 '구시물' 안내판이 눈에 띈다. 울창한 나무와 넝쿨이 얽힌 성 북쪽기슭, 인동초 꽃핀 길가에서 샘물을 찾아냈다.

"와아~! 찾던 샘물이 여기 있네!"

시원스레 솟아 흐르는 샘물, 탄성이 절로 난다. '마시지 말라.'는 경고에도 불구하고 한 모금 마시자 물맛이 그만이다. 꽃향기가 물에 번져서일까. 용천수인 이 구시물은 지역민의 생활용수요, 삼별초의 식수원이었다. '구시'란 나무나 돌로 수로를 파 만든 것이라는 뜻. 성 밖인데도 구시까지 만들어 보호 관리를 아주 잘해온 것이다.

아무리 가물어도 마르지 않는 질 좋은 생명수, 그 소중함을 어데 비기랴. 한데 이 샘물을 토성 밖 기슭에 그대로 두다니! 성안에 샘물이 터 잡도록 성을 바깥으로 쌓아 병사들 이용에 편리케 함이 당연했거늘. 누구나 물을 쓸 수 있게 성 밖에 둬 개방해 놓은 것이다. 토착민을 어떻게 배려했는지 짐작할 수 있잖은가.

하천이나 물가 인근에 마을이 형성되었듯 당시 물은 참으로 귀했을 터다. 삼별초군은 돈이나 쌀 대신 재와 빗자루를 거뒀고, 샘물도 맘대로 쓰게 했으니 크게 주민의 호감을 샀으리라. 그때도 지금처럼 주민과의 소통은 매우 중요했을 것이다. 아낙네들이 모이면 온갖 소식을 듣게 마련. 샘터에서 바깥세상 정보도 얻고 상호간에 소통을 이뤘지 싶다. 어째서 토착민들이 삼별초의 항쟁에 동조하고 도와주었는지 이제야 알겠다.

외세의 억압과 변방이라는 홀대 속에 인고忍苦의 세월을 말없이 지나온 제주섬. 역사는 생명력을 충전시켜주며, 삶을 뒤돌아보게 하고 올바른 길을 가도록 손짓한다. 한데 항파두성은 말이 없다. 흘러간 세월의 상처와 슬픔을 품안에 오롯이 간직한 채.

아픈 마음 달래주려는가. 숲길에 꽃향기 그윽하다.

고향 포구에서

쫄깃한 회 맛이 입 안을 감친다. 술잔 따라 분위기도 얼큰하다. 안주가 좋으면 술맛에 취하고 분위기에 취하게 마련인가. 시원한 바닷바람과 함께 어우러진 풍경에 취해 젓가락장단에 맞춘 생음악으로 어느새 천막 안이 뜨겁다.

고향마을 선배 초청으로 마을 원로들과 향우회원 여럿이 함께 어울렸다. 마을의 역사지를 발간 후, 그때 함께 참여했던 선후배가 만난 것이 얼마 만인가. 천막 안 분위기가 반가움에 화기애애하다. 이장을 지낸 그 선배가 재임 동안에 마을의 역사를 정리해냈다는 흐뭇함과 선후배의 수고로움에 대한 감사의 마음으로 마련한 자리다. 따가운 햇살도 아랑곳없이 천막 밖에서는 윷놀이 판까지 벌어져 '큰개' 포구가 꽤 들썩거리고 있다.

큰개는 내 고향 성산읍 신풍리 포구를 통칭한다. 샛바람에 바다 물결이 일렁이고 있다. 주어코지와 검은데기로 둘러쳐진 천혜의 포구, 큰개는 서쪽 용머리까지로 이어지는 해안절경이 한눈에 들어와 예전처럼 다정하게 안긴다. 때마침 물때도 시각이 맞아 만조인 포구가 더 아름답다.

고향마을은 상동이 산간 쪽이고 하동이 바다 동네다. 상하동 간은 4km 남짓 떨어져 있어 제법 멀다. 주민들은 대부분 상동에 살아도 하동은 바다가 넓어, 예전부터 주민생업이 반농반어半農半漁이다. 풍요로운 바다의 해산물은 상당한 소득원이다. 어로작업이 발달하면서 전복, 넙치 등 양식업도 요즘 성업이라고 한다.

어린 시절, 주말이면 가끔 상동에서 먼 길을 걸어 이곳 큰개 포구를 즐겨 찾았다. 확 트인 바다는 언제 봐도 좋았다. 앞바다엔 먹잇감이 풍부해서일까. 포구엔 해초도 넘실거려 해산물이 풍부하고 고기도 많이 잡혔다.

해산물은 밥상 위에 단골이었다. 고소한 반찬이요, 먹을거리였다. 더구나 해녀가 있는 집에서는 미역이나 소라 전복이 곧 현금소득으로 살림 밑천에 한몫했다. 우리는 갯가에서 우럭도 낚고 보말과 소라 성게도 잡았다. 톳이나 미역을 바구니 가득 채취하고는 마냥 좋아하곤 했다. 어른들은 해산물이나 고기를 많이 잡으면 우리에게 나눠도 주고, 옆집에도 선물했다. 싱싱한 해산물로 식탁을 차리면 밥맛이 그만이었다. 훈훈한 인심이 입맛을 더 돋우었으리라. 지금도 그 맛은 잊을 수가 없다.

"저것 봐. 앞바다에 돌고래 떼다. 햐, 장관이다. 배알로! 배알로!"

갑자기 천막 밖이 왁자지껄하다. 외치는 소리에 얼른 천막 밖으로 나왔다. 사람들이 가리키는 앞바다엔 그물 보러 나선 정치망어선이 두 척이나 보인다. 자세히 보니 배 너머로 돌고래 떼가 물살을 가르듯 지나가고 있다. 바람을 거슬러 동쪽을 향하여 자맥질하며 이동 중이다. 그 뒤로 하얀 물결이 파도처럼 뒤따르고 있다.

고향 앞바다는 예전부터 돌고래가 종종 출현하는 곳이다. 몇 십 마리 또는 수백 마리가 무리를 지어 나타난다. 지나가는 배를 따르거나 곁에서 뛰어오르기도 하고 뱃머리에 이는 파도를 타기도 한다.

어릴 적에도 돌고래 떼들이 이 앞바다를 지날 때면 장관이었다. 사람들은 이 광경을 구경하며 '배알로!'라고 소리쳤다. '배알로'란 제주어로 '배 밑으로'란 뜻이다. 그물로 작업하는 어부들이나 잠수하는 해녀들에게 돌고래 떼의 출현을 알림과 동시에, 돌고래에게 사고를 일으키지 말고 배 밑으로 제발 무사히 지나가 달라는 주문이다. 돌고래와 인간이 바다에서 함께 어울려 사는 모습이 아닌가. 돌고래 떼를 보니 얼마 전 동영상으로 본 감동의 뉴스거리가 떠올랐다.

지난 6월 어느 날 오후, 동해안의 경주와 울산 중간 지점 앞 해상에서의 일이다. 고래 탐사에 나선 국립수산과학원 탐사선 레이더에 검푸른 바닷물이 하얗게 변하는 현상이 포착됐다. 수백 마리의 참돌고래 떼가 자맥질을 하며 물을 튀기고 있었다. 그런데 어떤 한 무리는 그곳에서 맴돌며 떠나질 않는 거였다.

탐사선이 그 앞까지 다가가도 몸길이 3m쯤 되는 참돌고래 한 마리가 허연 배를 뒤집은 채 꼬리만 가끔 움직일 뿐, 수면 아래로 가라앉았다가 떠오르기를 반복했다. 여러 마리의 돌고래가 번갈아가며 두세 마리씩 짝을 이뤄 기진한 그 녀석을 밑에서 수면 위로 밀어올리고 있었다. 서로 혈연관계여서일까, 아니면 절친한 동료관계라서 그럴까. 알 수 없는 희한한 광경이었다.

한 시간 남짓 그러더니 그 돌고래의 움직임이 멈추었다. 죽었다. 그러자 물 밖으로 밀어올리기를 하던 녀석들이 죽은 녀석의 입과 목덜미, 배와 등을 애무하듯이 스치며 이별을 아쉬워하는 애도哀悼 장면을 연출했다. 영결식이었다. 죽은 돌고래가 물밑으로 자취를 감춘 후에도 녀석들은 한동안 그 자리를 맴돌았다.

야생 돌고래 떼의 이런 행동이 동영상과 카메라로 포착된 것은 이번이 세계 최초라고 한다. 죽어가는 돌고래가 고통 받지 않고 편안하게 영면할 수 있도록 같은 무리의 돌고래들이 수면 밖으로 밀어 올려준 것이다. 3분 넘게 물속에서 나오지 못하면 익사하기 때문이다. 마음이 숙연해졌다.

돌고래에겐 인간을 닮은 점이 꽤나 많다. 포유류인 그들은 무리지어 공동체 생활을 한다. 장난을 잘 치고 사람과도 친숙하다. 영리하고 지능이 높아 소리와 초음파를 통해 서로 의사소통을 하는 능력도 있다.

더욱 놀라운 것은 그 동료애다. 아픈 녀석의 고통을 조금이라도 덜어주려 애쓰는 그들의 집단행동은 감동 그 자체였다. 정든 동료를 떠나보내는 영결식 장면으로 가슴이 뭉클했다. 인간을 그렇게도 빼닮았다.

자연과 사람이 어우러져 살아가는 곳, 큰게 포구엔 그리운 추억들로 고향의 정이 짙게 스며든다. 돌고래가 분위기를 한층 돋웠나 보다. 정겨운 모임 자리가 선조들의 공덕담功德談으로 꽃을 피우고 있다. 설촌 이후 수백 년의 마을 역사지가 출간된 뿌듯함인가. 술잔에 비낀 노을도 곱다.

털머위가 속삭이듯

어느새 한 해의 끄트머리에 들어섰다. 강물처럼 흘러가 버린 날들. 뜻하지 않게 남에게 마음의 상처를 준 일은 없었을까. 기쁨도 슬픔도 이웃과 함께하며 삶을 겸손하게 살아왔나. 산을 오르며 지난날을 헤아려 갈수록 아쉬움으로 가슴이 아리다.

산길에 함박눈이 팔랑거리며 춤을 추고 있다. 마지막 달을 백설로 채우려는가. 내리는 눈이 저무는 해의 등짐을 함께 날리는지 산길을 걷는 발걸음이 가볍다. 구름 사이로 가끔 얼굴 내미는 태양은 '마음의 창문을 열라'는 듯이 반짝거린다.

세차게 불던 바람이 멈춰 고요해진 산속. 바스락거리는 소리가 귀를 쫑긋 당긴다. 오르다 말고 산속을 가만히 살피노라니 산비둘기 몇 쌍이 눈에 잡힌다. 사람을 보고 놀라는 기색도 없이 나무 아래에서 이리저리 휘젓고 다니며 먹이를 찾아 먹고 있다. 낙엽에 숨겨진 나무열매와 벌레가 녀석들의 배고픔을 달래주고 있을 것이다. 세상 어느 것도 혼자 사는 게 아니라 했지. 저만큼 떨어진 곳, 낙엽 진 나무 아래 노란 풀꽃도 보인다.

겨울 꽃의 유혹에 마음이 끌리어 그쪽으로 발길을 옮겼다. 히야~! 눈 내리는 초겨울, 비탈진 길 따라 샛노란 꽃이 무리지어 산기슭을 멋스럽게 수놓았다. 털머위다. 추위에도 아랑곳하지 않고 피어난 털머위꽃이 돌올하다. 다가오는 힘겨운 겨울을 넘기려 나무는 낙엽을 날렸고, 들꽃은 종적을 감춘 지 오래지 않은가.

눈 오는 숲길에서 활짝 핀 꽃을 발견하기란 쉽지 않는 일이다. 찬바람 타고 겨울이 다가오기 시작하면 자연 속의 생명체들은 제 나름의 월동준비를 한다. 초록의 풀들은 누런빛으로 몸져눕고, 나뭇가지는 발가벗어 앙상한 온몸을 드러낸다. 한데 때맞춰 날 보란 듯 들국화 모양의 샛노란 꽃을 피워내는 풀꽃이 바로 털머위다. 늦가을에서부터 초겨울 이때쯤.

털머위는 쌍떡잎 군락식물이다. 꽃을 피우면 꽃대까지 높이가 50cm쯤이나 된다. 바닷가 올레길이나 숲길, 습기가 있고 약간 그늘진 곳에서 잘 자라며 약초로도 쓰이는 여러 해살이풀이다. 풀잎을 말(馬)이 즐겨먹기에 일명 말곰취라 부르기도 한다. 진초록 잎이 어린애 손바닥만큼이나 크다.

좀 더 가까이 다가섰다. 보면 볼수록 기특하다. 이 추위에 꽃을 피워 내다니! 꽃대를 높이 세우고 바다 쪽으로 북향하여 핀 게 더욱 놀랍다. 풀꽃들은 따뜻한 남향으로 꽃을 피우게 마련인데 어째서 이 꽃은 유별나게 찬바람 부는 북향일까. 저 멀리 두고 온 그리운 임을 기다리듯, 섬사람이 뭍을 동경하듯.

예쁘고 윤기 나는 잎이 오늘따라 관심을 끈다. 가만히 만져보니 꽤 두껍고 반질반질하다. 서로 부둥켜안듯 군락을 이루고 있으니 어둑한 주위가 환해 보일 정도다. 줄기와 잎 뒤쪽에는 보일까말까 희끄무레한 잔털이 가득하다. 주변 환경에 적응해야만 살아남기에, 자연의 법칙을 충실히 따르고 있음이렷다. 역경을 이겨내고 억세게 살아가는 섬사람들처럼 추위와 찬바람을 이겨내는 힘의 원천이 여기에 감춰져 있나 보다. 한라산 자락에 아름답게 피어난 털머위꽃이 보는 이에게 풀꽃의 강인한 생명력을 새삼 일깨워준다.

무릇 풀꽃들은 비탈진 곳이나 바위 틈에도 일단 뿌리를 내리면 기어이 꽃을 피워낸다. 더구나 그 자리가 험하고 척박할수록 억척스레 피어나 진한 향기를 간직한다고 한다. 생존과 종족보존의 본성이리라. 혼신의 힘을 쏟아 자기의 생을 온몸으로 살고 있음이 경이롭다.

그동안 나는 왜 풀꽃들에게 무심했을까. 봄과 여름을 화려하게 수놓는 이름 있는 꽃에게만 관심을 두어왔던 게다. 한파를 무릅쓰고 피어난 털머위가 낙엽 진 숲길에서 더 도드라져 보인다. 삼라만상이 숨을 죽인 듯 생장을 멈춘 계절에도 길손을 즐겁고 기쁘게 하고 있음에랴. 의연하면서도 희생적인 생명체의 고귀한 모습을 보는 것 같아 흐뭇하다. 세상에 소중하지 않은 것, 쓸모없는 것은 하나도 없다는 말이 맞지 싶다.

함박눈이 다시 살갑게 내리며 산길을 단장하기 시작한다. 삶의 의미를 곱씹으며 나를 돌아보게 하는 하루다. 지금 나의 모습은 과연 어떤 모습일까. 너나없이 나름대로 의미를 갖고 세상에 보내졌을 터인데, 그분의 원하는 것처럼 소중한 생을 보람 있게 열심히 살아가고 있는가. 그리하면 세상이 한결 아름다워 보일 터이다.

'이보게, 아름답게 보는 건 눈이 아니라 마음이라네.'

산길에 핀 털머위가 속삭이며 내게 다가오는 듯하다. 마음속에 꽃이 피어야 세상이 아름답게 보인다는 것이다. 내 모습이 초라해 보일까 봐 얼굴이 붉혀진다.

한 해가 며칠 남지 않은 12월, 움츠러들어버린 내 마음부터 먼저 다독여야겠다.

수루에 올라

제승당을 찾아가는 길이다. 바닷길에 반짝이는 태양이 눈을 시리게 한다. 푸른 하늘이 바다와 섬을 온통 덮고 있다. 넘실거리는 파도와 흐르는 조각구름은 수놓은 무늬처럼 아름답다. 충무공 이순신 장군의 발자취를 찾는 설렘에 가슴이 울렁인다. 통영부두를 나선 배는 잠깐 사이 멀지 않은 섬, 한산대첩지에 닿았다.

쪽빛 바다에 에워싸인 섬은 무성한 해송들로 뒤덮여 장관이다. 선착장에서부터 길목마다 수목들이 즐비하다. 찾아온 이들에게 사열 받듯 한들거린다. 옛 격전지다운 풍광을 연상케 하는, 이름도 특이한 화살나무와 꽃댕강나무도 조경돼 있다. 얼마 걸어 역사의 숨결을 느낄 수 있는 곳, 대첩문에 들어서자 옷깃이 여미어진다.

이곳 제승당은 1592년 임진왜란이 일어나자 이순신 장군이 적은 병력으로, 섬 앞바다에서 왜적을 무찌르고 대승을 거둔 한산대첩의 전승지다. 바다의 제해권을 장악하여 승리하는 곳이라는 뜻을 간직한 제승당. 세계해전사상 길이 빛나는 한산대첩을 이룬 후, 삼도수군의 본영으로 삼아 국난을 극복한 유서 깊은 사적지다. 임진왜란 때 충무공이 없었다면 나라의 운명은 어떻게 되었을까. 악몽 같은 전란에 엄청난 인명과 재산 피해로 민초들의 원성과 고충, 비참함이 얼마나 컸을까. 상념에 젖어 걷노라니 적의 움직임을 살폈던 수루가 보였다.

높이 자리 잡은 수루에 오르니 시야가 훤하다. 앞바다에 봉긋봉긋 솟은 작은 섬들이 한눈에 밟힌다. 임진왜란 중 여러 차례의 해전을 모두 승리로 이끈 거북선 모양의 거북등대도 앞바다에 떠 있다. 삼도수군통제사인 공이 수시로 올라 왜군의 동태를 파악했다는 망루다. 잘 알려진 한산도가閑山島歌의 배경이 된 바로 그 수루. 위용을 자랑하듯 주위에는 숲이 울창하다. 난간 위에 걸린 공의 시조가 나의 눈길을 붙잡는다.

閑山島月明夜　한산섬 달 밝은 밤에
上戍樓　수루에 혼자앉아
撫大刀深愁時　큰 칼 옆에 차고 깊은 시름하는 차에

何處一聲羌笛更添愁　어디서 일성호가는 남의 애를 끊나니

수루에서 바라보는 한산도 앞바다! 뜨거운 햇살 아래 바다의 은빛 물결이 곱다. 난간에 기대니 시를 읊조리는 장군의 음성이 들리는 듯하다. 수루에 홀로 앉아 고뇌하는 장군의 '깊은 시름'은 무엇이었을까.

위란에 처한 나라와 백성에 대한 근심걱정으로 잠 못 이뤘던 장군. 공의 나라 사랑의 길은 평탄치 않았다. 해전에서 연승하며 나라를 구해내는 큰 공을 세우지만, 모함으로 파직되고 처형 직전까지 이르는 고난을 당하기도 했잖은가. 어디 그뿐인가. 어제의 통제사가 오늘은 백의종군이라니! 이와 같은 모진 시련에도 나라 사랑의 마음에는 흔들림이 없었다.

≪난중일기≫나 여러 기록에 노심초사 골몰하던 그 흔적이 남아있다.

밝은 달이 수루 위를 비추니 공의 심회가 편치 않았을 터. 더욱이 감옥에서 풀려나와 보니 조선 해군은 대패해 배만 몇 척 남아있었다. 게다가 1597년 8월 소수 병력으로 적을 대항하기 어려우니 수군을 폐하고 육군에 편입해 싸우라는 선조 임금의 밀지를 받았으니 눈앞이 캄캄했으리라. 그럼에도 장군이 조정에 올린 '아직 배가 12척이나 남아있고, 신이 죽지 않았으니(尙有十二 微臣不死)'라는 내용에 담긴 장계는 비장한 각오를 말해주고 있지 않은가. "바다에 서약을 하니 고기와 용이 꿈틀대고, 산을 보고 맹세를 하니 풀과 나무도 알아주더라(誓海漁龍動 盟山草木知)" 라는 무제일련無題一聯의 글에서도 굳은 다짐이 엿보인다.

변함없는 장군의 나라사랑은 백성사랑으로 이어진다. 피비린내 나는 전쟁 속에서도 항상 백성의 안전이 먼저였다. 어려움에 처한 백성들을 위로하고 격려하였다. 명나라 사신의 기록에선, 잡힌 포로까지 보살피는 장군의 모습에서 인간 이순신의 사상과 면모를 잘 알 수 있었다 했다. 그 기록을 읽노라면 목울대가 뜨거워진다.

어느 어두운 저녁 눈이 몹시 내리고 바람이 칼날 같아서 살결을 찢는 듯하니, 감히 밖으로 나서지 못하겠더라. 그런데 그 속을 통제사영감이 홀로 지나가니, 무슨 까닭으로 이 어둡고 추운 바람 속으로 거닐고 있는 것일까?

궁금하던 차에 한번 따라가 보니 통제사영감이 바로 왜놈이 잡혀있는 현장으로 가는 것 아닌가. 더욱이 이상하여 더 밟아보니 통제사영감 손에는 한권의 책이 있더라. 밖에서 보니 통제사영감은 그 왜군에게 ≪명심보감≫ 중 '효행편'을 읽어주고 있는 것이 아닌가!

다음날 알아보니 그 왜군의 나이는 열다섯이더라. 열 살

어린 나이에 병사가 되어 왔음에 이 아이가 포로가 된 후 이를 딱히 여긴 통제사영감이 별도로 감싸주었던 것이다. 열 살에 포로가 되었으니 벌써 오 년이 되었고 그동안 왜군의 아이는 조선말을 배웠으며 간간이 통제사영감이 책을 읽어주기도 했다 한다.

서로 죽이고 죽는 전쟁이지만, 저 두 사람을 보면 누가 어찌 서로를 원수라 하겠는가. 내가 본 저 두 사람은 조선 장수 대 왜군이 아닌 한 아버지와 그의 아들로 보였으니, 통제사영감의 성정이 저럴진대 그의 백성을 아끼는 마음이야 오죽하겠는가.

충무공은 우리 민족사에 위대한 영웅으로 추앙을 받는 분이요, 후손들이 흠모하고 존경하는 인물이다. 어느 시대이고 지혜로운 선구자와 위인들이 있어 국난을 극복하고 백성을 구해왔다. 오늘의 있음은 선조들의 후광 덕분이리라.

한데 지금 이 시대를 사는 우리에겐 시름이 적지 않다. 남북으로 분단된 조국, 이념의 갈등과 빈부의 격차, 상호신뢰와 소통의 부족, 고용과 복지문제 등은 풀어야 할 과제다. 나라와 백성의 '깊은 시름'임에 틀림없다.

시대가 영웅을 낳고, 영웅은 시대를 열어간다고 한다. 조상의 가르침을 후손들이 어떻게 실천하느냐에 달린 게 아닐까. 늘 희망은 있다. 충무공을 떠올리며 수루에 앉아 다시 생각해본다. '아직도 배가 12척이나 남아있다.'는 의미를.

설한풍 불었는데

멀지 않아 입춘. 텃밭의 눈 맞은 배추가 밥상 위에 올랐다. 검푸른 채소의 싱싱한 맛이 기차다. 입맛을 돋우는 배추쌈에 홀딱 반한다. 모양새 좋은 배추는 김장감으로 앞서 뽑혀 팔려나갔는데, 버려진 듯 팽개쳐졌던 못난이 배추가 맛으로 승부를 거나 보다. 주인이 좋아라 하니 뿌듯함이 어떠할지. 한겨울의 눈바람을 이겨내고 숱한 우여곡절도 넘어선 강한 생명력. 생의 길에서 겪은 수모와 아픔이 되레 감칠맛을 빚어내는 걸까.

못생긴 나무가 산을 지킨다고 했다. 잘생긴 나무는 미리 베어 써버리기 때문일 것이다. 진짜 고수는 뛰어난 체하지 않듯이 눈 맞은 배추가 다소곳하다.

사색을 벗삼아 산행에 나섰다. 구름 사이로 햇살이 스며

드니 겨울바람도 춘풍처럼 포근하다. 고내봉오름에서 불어오는 바람이 나를 스쳐 보광사를 휘감아 돌더니 능선을 타고 흐른다. 눈앞에 펼쳐지는 채소밭에는 한겨울 푸성귀가 결곡하다. 배추와 브로콜리, 취나물과 양배추가 겁 없이 추운 겨울을 넘고 있다. 산사의 풍경이 딸랑거리자, 내 인생길에 몰아쳤던 설한풍으로 멈춰 섰던 시간들이 곁으로 다가와 아픈 소리를 내며 흔들거린다.

혹독한 눈바람이 내게 불어 닥친 때는 유신시절인 1978년 봄이었다. 삼형제가 다 공직자였던 집안이 풍비박산 났다며 친척들은 야단이었다. 맏형이 교육자로 계시다 겨우 마흔 넘기고 세상을 뜨자 때맞춘 것처럼 공무원이던 둘째 형도 실직되었는데, 나 또한 직장에서 목이 날렸다. 봄을 시샘하듯 휘몰아치는 설한풍에 모두 눈 깜짝할 새 휩쓸려 버린 셈이었다.

"당신 옆에는 아무도 없나요?"

서른 살 젊은 나이에 밥줄이 잘린 나를 보며 아내는 하염없이 울었다. 며칠 전부터 다 알고 있었는데 나만 늦게 안 것이다. 외톨이요 바보가 아닌가. 청천벽력 같은 소식에 기절초풍할 만큼 충격이 컸다. 가끔 속울음을 울며 쳐다보는 아내의 눈이 애절했다. '젊은 사람이 괜히 잘렸겠냐?'는 주위의 살천스런 눈초리는 감내할 수 없을 정도였다.

사연인즉 이러했다. 직장에서는 고구마 판매사업과 관련

하여 감사원의 감사를 받았었다. 이른바 '고구마 사건'이다. 감사를 받으면서도 경제상무인 나는 잘못을 느끼지 못했던 일. 사업이 농안법에 위배되었다며, 지도책임을 물어 군조합장 전무 상무들을 몽땅 징계해직시킨 것이었다. 회원조합도 일괄 문책을 받아, 전국에 해직자가 수백여 명이나 돼 참담했다. 나는 몇이서 함께 중앙회장을 상대로 소송을 걸었다.

자기의 신상 관련 소송, 즉 명예를 회복한다며 제기한 소송에서 진다면 어떻게 되는 것인가. "송사訟事는 이겨야 본전이고, 오랫동안의 정신적 재정적 피해가 더 크다."면서 말리는 이가 적지 않았다. 가만히 있으면 2등인데 지면 인생이 끝나는 거란다. 불안했다. 처자식이 가엾다는 생각마저 들었다. 어쩌면 내 인생의 변곡점이요 갈림길이었다.

중앙회와의 소송은 피 말리는 고통을 수반했다. 증거 자료가 거의 다 그곳에 보관 중이었고, 더구나 십여 명의 증인도 중앙회 재직선배들이었다. 어려움과 고통은 점점 더해갔다.

'기억이 안 난다.'는 증언을 재판정에서 듣고 온 날은 밤새 잠을 못 이뤘다. 가슴이 까맣게 타들었다. 알면서도 선배는 왜 그런 증언을 했을까. 이유는 나중에 알아도 늦지 않다며 스스로를 달래곤 했다.

그런 어느 날 밤 "조금만 더 힘을 내거라!"라는 그 선배의 목소리를 들었다. 영혼의 울림이었을까, 꿈속의 환청이었을까. 오, 내심 증인이 우리 원고 쪽을 편들어 주길 바라는 나의 소망! 승소를 기원하는 간절함 바로 그것 아니었겠나.

갈등 속에서도 억척스레 장사를 하며 삼 년 남짓 소송을 수행하였고, 결국 이겼다. 설한풍만큼이나 버거운 다툼이었다. 사실 국가기관인 감사원을 상대한 쟁송이었던 셈. 무서운 그 시절에도 법의 정의는 살아있었다. 재판장의 판단과 권위에 무한한 존경심이 우러났다. 해직 무효판결을 받은 것이다. 그날도 아내는 눈물을 흘렸다.

복직된 후, 직장은 이십 년 남짓이나 중책을 내게 맡겨 보람을 안겨줬다. 오직 감사할 뿐이다. 시간이 여유로워진 요즘, 가끔 산행을 할 때면 지나온 날을 되돌아보게 된다.

인생길은 어떤 길이며, 그 끝은 어디쯤일까. 평탄하고 좋은 길만은 아닐 게다. 일진일퇴, 희로애락, 성취와 상실의 끊임없는 반복 속에 완성되어가는 길이 어찌 보면 값진 인생길 아닐는지. 버리고 싶은 아픈 기억들을 감춘 뒤안길은 사람마다 다를 터이다.

세월 따라 걸어온 길, 멀지는 않았어도 돌아보니 자욱마다 사연도 많았다오. ~ ~

잃어버린 지난 세월, 그래도 후회는 없다. 겨울로 갈 저 길에는 흰 눈이 내리겠지.

겨울 산행길에 흐르는 국민 애창곡 〈길〉, 구성진 노랫소리가 심금을 울린다. 덩달아 채소밭 푸성귀가 바람결에 한들댄다. 고통과 슬픔이 두텁게 깔린 길에도 희망의 햇볕은 분명 찾아들리라. 설한풍 지나고 구름 걷히는 사이 얼마의 기다림이야 필요하겠지만.

후회 없는 인생길을 걷고 싶다. 흔들림 없는 아름다운 모습이었으면 좋겠다.

12월에 받은 편지

한 장 남은 달력이 바람결에 흔들린다. 우수수 낙엽 지는 소리가 지난날을 되돌아보게 한다. 간절히 바라던 소망을 이루었다고 한들 도도하게 흐르는 세월 앞에서야 허전함과 미련이 어찌 없겠는가. 아쉬움으로 보내는 12월은 마음이 분주해지는 달이다.

겨울답지 않은 포근한 아침, 편지 한 통을 받았다. 고향에서 감귤농장을 경영하는 친구 J가 보낸 것이다. 중학시절 같은 반 단짝인데 지금도 나를 이해해주는 마음 따뜻한 벗이요, 후원자다. 반가운 그의 친필 편지를 받아드니 마음속에 울렁거림이 인다. 친구의 체취가 물씬 풍겨나는 편지, 내가 보내준 수필집을 잘 받았다는 답장인가 보다.

그 수필집은 지난달 출간된 나의 첫 작품집이다. 입춘이 지난 즈음부터 건강문제로 나는 두 달 남짓이나 정밀검진을 받으러 병원 출입이 잦았다. 다행히 몸에 이상이 없다는 결과가 나왔다. 안도와 감사하는 마음에서 결심한 게 등단 후 몇 년 동안 글을 쓰며 준비해온 수필집 출간이었다. 이리저리 바쁜 날들이 계속되었다.

불철주야 작품을 다듬느라 한동안 고생한 끝에 책을 펴냈다. 삶의 흔적을 정리한다는 의욕이 앞섰다고 해야 할까. 미진한 문장에 부족한 글이어서 스스로 부끄럽다. 벗과 지인들에게 수필집을 보내노라니 11월도 어느새 지나고 말았다.

걸려오는 전화나 메일을 받느라 제법 분주했다. 따뜻한 축하와 격려의 말을 들을 때면 보람이 느껴졌다. 오늘 받은 고향 친구 J의 편지는 코끝을 찡하게 했다. 뛰어난 문학적 감성을 타고난 그가 마치 벗과 대화를 나누듯 써내려간 앞면의 글은 한 폭의 그림이요, 시였다. 벗을 격려코자 하는 그 친구의 정감어린 글이어서 소년처럼 내 얼굴이 붉어졌다.

"잊지 않고 기억해줘 고맙구나. 오랜만에 가난한 농부의 마음속 깊이 넉넉함과 기쁨을 안겨주었네. 사랑을 배웠고 행복을 느꼈다네. 풀잎으로 이불 펴놓고 임을 그리는 여인네 같은 설렘으로 당신의 마음 밭을 지나노라니, 밤은 깊어 새벽으로 달리누나. 참으로 아름다운 이 밤, 자네의 마음을 잘 읽었다네."

그리고 뒷면엔 고故 김수환 추기경의 말씀이 적혀 있었다.

"노점상에서 물건을 살 때 값을 깎지 말라. 그냥 돈을 주면 나태함을 키우지만 부르는 대로 주고 사면 희망과 건강을 선물하는 것이다."

한 해의 끝자락에 들어선 오늘, 뒤돌아보니 다사다난했던 일 년이었다. 나라에서는 영광스럽고 기쁜 일들도 있었지만, 온 국민이 추앙해온 김 추기경을 떠나보내야만 하는 안타까운 일도 있었다. 우리의 정신적 버팀목이자 구심점을 잃은 슬픔에 충격이 컸다고 할까. 그 와중에도 그분의 사랑은 남아 얼음 같은 추위를 훈훈하게 녹여주고 있다는 소식이다.

지난 2월 선종한 김수환 추기경은 이 세상에 마지막 선물로 각막을 기증했다. 인생 덕목이 될 만한 소중한 말씀들도 남기고 떠나셨다.

"머리와 입으로 하는 사랑에는 향기가 없다. 진정한 사랑은 이해와 관용 그리고 자기낮춤이 선행돼야 한다. 사랑이 머리에서 가슴으로 내려오는 데 칠십 년 걸렸다."

그 영향일까. 올해 장기 기증 뜻을 밝힌 희망자가 예상치를 훨씬 웃돌고 있다고 한다. 12월 초순인데도 지난해 전체 희망자보다 몇 배나 많은 십팔만 명을 넘어섰다는 보도에

추운 겨울이 따뜻해진 느낌이다. 너도나도 희망을 심어주는 이웃사랑에 눈을 뜨고 있다니 반갑고도 놀랍기만 하다. '그 사람은 갔어도 그 사랑에 눈뜨다'라는 보도를 들으면서, 추기경의 말씀과 친구가 보내온 편지의 행간에 숨은 뜻을 다시 곱씹어보게 된다.

벗의 수필집을 받아들고는, 함량미달이어도 깎아내리지 않고 부르는 대로 값을 쳐준 건 아닐까. 칭찬과 격려와 축하를 바라는 벗의 마음을 다 아는 친구다. "가난한 농부의 마음속 깊이 넉넉함과 기쁨을 안겨주었다네."라고 하는 것은 용기와 희망을 주려는 과찬임이 분명하다. 노점상에서는 값을 깎지 말고 부르는 대로 주라는 말씀을 솔선하고 있는 친구 J가 보인다. 땀의 진가眞價를 아는 그다. 농심에서 우러나오는 그의 너그러움과 포용에서 자기낮춤이 느껴진다.

오늘 받은 우정의 편지가 어제까지의 나를 되돌아보고, 새롭게 거듭나는 희망의 편지가 되었으면 좋겠다. 나는 가슴으로 작품을 써서 이웃을 따뜻하게 할 수 있을까? 그동안 글쓰기의 꿈은 얼마나 이루었고, 처음의 그 열정은 식지 않았는가? 머리와 입으로만 하는 사랑에는 향기가 없다 한다.

한 해를 보내며 기대와 설렘으로 새해의 소망을 생각해보는 하루다. 몇몇 이웃에게라도 울림으로 다가갈 수 있는 글을 쓸 수 있으면 좋으련만.

■ 작가 연보

• 약력

○ 1948년 서귀포시 성산읍 신풍리에서 출생 (아버지 吳成南, 어머니 金壬吉)

○ 1975년 梁容喜와 결혼하여 1남 1녀를 낳음 (아들 宗勳, 딸 恩英)

○ 풍천초등학교, 표선중, 오현고, 제주대학 법학과 졸업

○ 1972년 농협중앙회 11기 직원채용고시 및 2을승진고시 합격, 직장생활 32년 후 퇴임
(남제수군 농협 경제상무, 농협중앙회 시군지부 차장, 신제주지점장, 중앙지점장, 제주북제주시군지부장, 농협중앙회제주지역본부장 등 역임)

• 문단 경력

○ 2007년『수필과비평』(1·2월호) 신인상「어머니의 자리」로 등단

○ 2007년 제주수필과비평작가회 창립 (초대 사무국장, 2대회장 역임)

○ 2012년 전국 수필과비평작가회의 하계세미나 (제주유치) 개최추진

○ 2014년 귤림문학회 회장

○ 현재 수필과비평사 이사, 수필과비평작가회의 부회장

○ 제주문인협회, 제주수필문학회, 조엽문학회 등 여러 문학단체에서 활동 중

· **저서**

○ 2007년 『냇가의 풍년마을』 발간 (마을 역사지, 공동 집필)

○ 2009년 『내 마음을 알 거야』 (수필집)

○ 2013년 『담장을 넘을까 봐』 (수필집)

○ 2015년 『제주수필과비평』 동인지 창간호 발간

○ 2018년 『억새꽃 핀 들녘』 (수필선집)

· **수상**

○ 2002년 농림수산부장관 표창

○ 2004년 농협중앙회장 공로상

○ 2012년 수필과비평문학상

현대수필가 100인선 II · 45
오승휴 수필선
억새꽃 핀 들녘

초판인쇄 | 2018년 9월 20일
초판발행 | 2018년 10월 15일

지은이 | 오 승 휴
펴낸이 | 서 정 환
펴낸곳 | 수필과비평사 · 좋은수필사

주 소 | 서울시 종로구 삼일대로 32길 36.
(익선동 30-6)운현신화타워 305호
전 화 | 02)3675-5635, 063)275-4000
등 록 | 1984년 8월 17일 제28호
홈페이지 | http://www.shinapub.com
e-mail | essay321@hanmail.net

값 8,000원

ISBN 979-11-5933-179-4 04810
ISBN 979-11-85796-15-4 (세트) 04810

* 저자와 협의하여 인지는 생략합니다.
* 잘못된 책은 바꿔 드립니다.

이 도서의 국립중앙도서관 출판시도서목록(CIP)은 서지정보유통지원시스템 홈페이지(http://seoji.nl.go.kr)와 국가자료공동목록시스템(http://www.nl.go.kr/kolisnet)에서 이용하실 수 있습니다.(CIP제어번호: CIP2018033725)